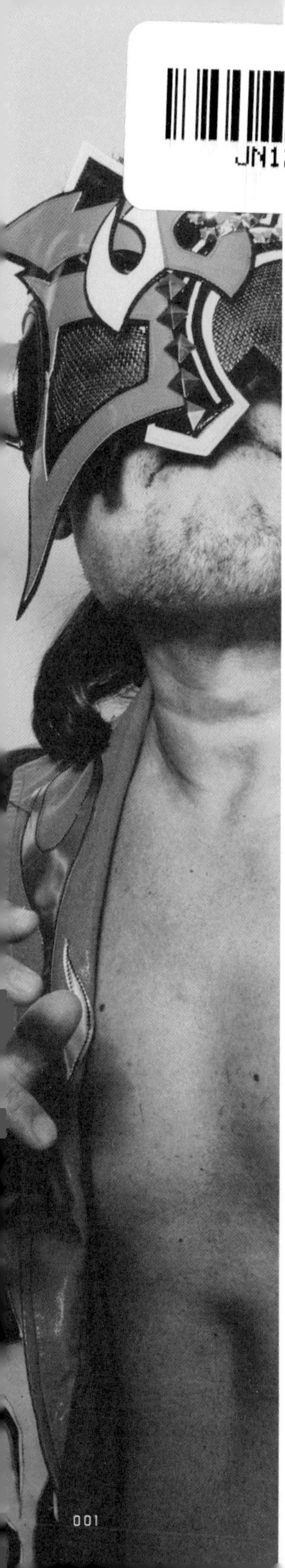

JN121447

INOGE №140

Cover PHOTO:
Kuniyoshi Taikou

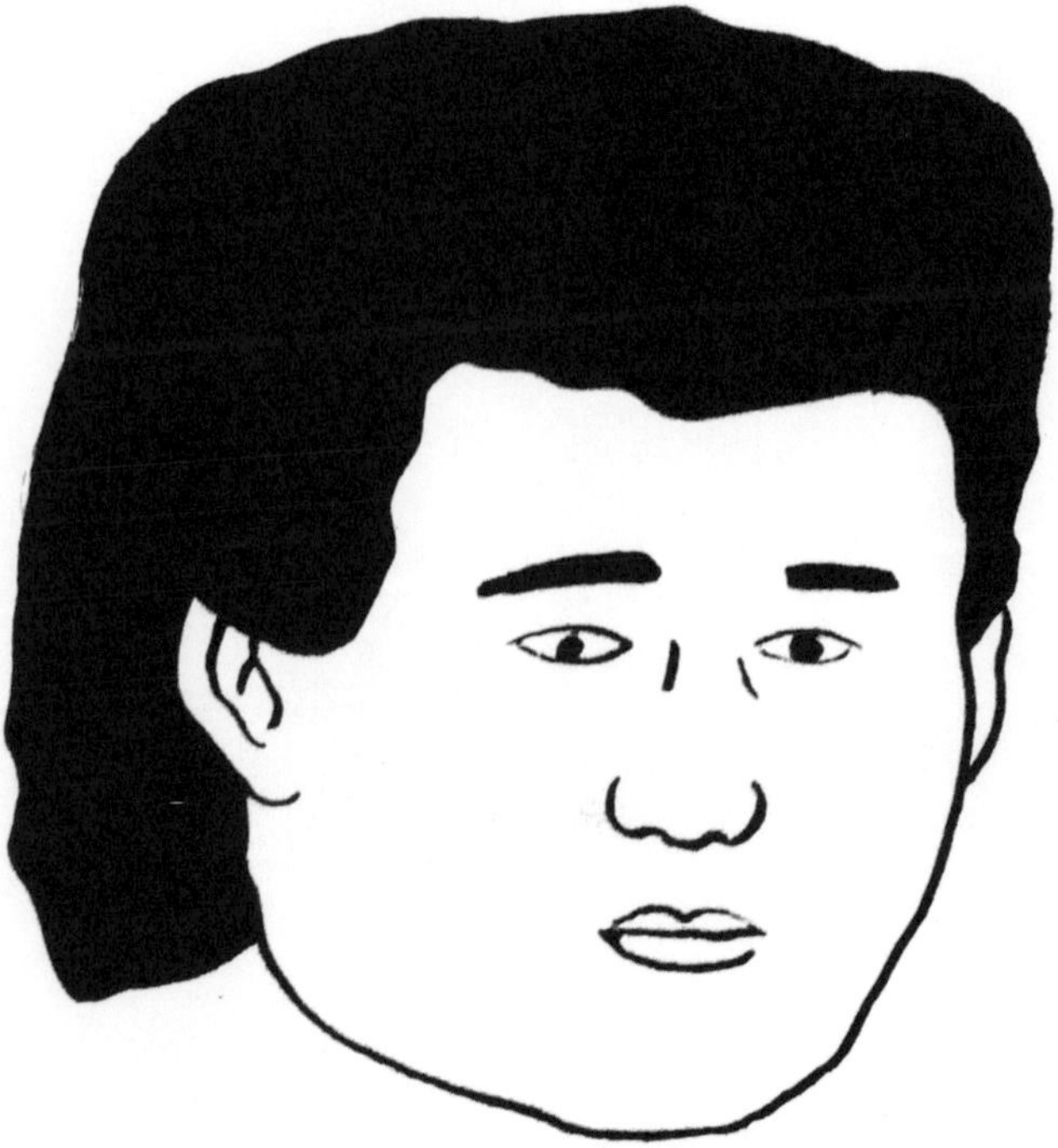

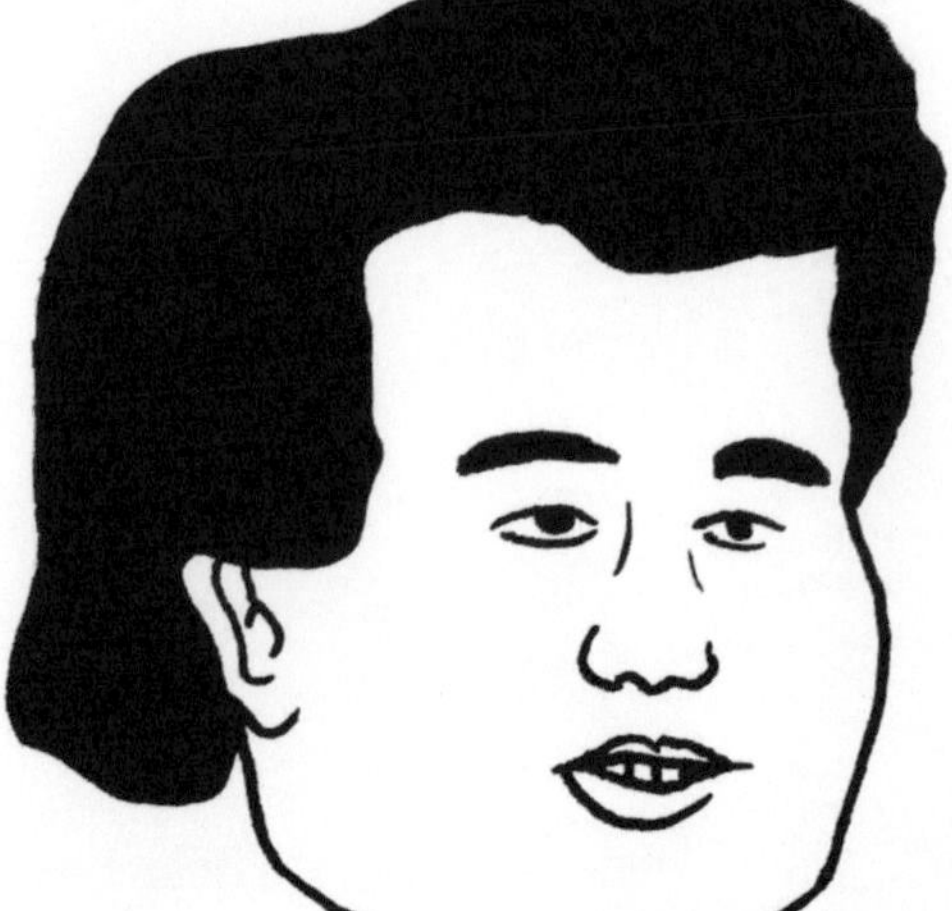

HOLY
SHIT

PETIT KASHIMA

俺の人生にも、一度くらい幸せなコラムがあってもいい。

VOL.139

KAMINOGE COLUMN

「愛憎」とは何か？

プチ鹿島

プチ鹿島（ぷち・かしま）1970年5月23日生まれ。芸人。『ヤラセと情熱 水曜スペシャル「川口浩探検隊」の真実』（双葉社）、発売後から大好評です。

最近また新間寿さんのことが気になります。NHK『アナザーストーリーズ 運命の分岐点』の「アントニオ猪木vsモハメド・アリ〝世紀の一戦〟の真実」（7月7日）でもコメントしていた。ずっとエネルギッシュな方だ。

　思わず本棚から『プロレス仕掛け人は死なず』（1984年）を引っ張り出した。これは83年の新日本クーデター事件を語った新間氏の本である。ページを開くと早々に「私がバッサリ斬られるところを何故黙ってみていたのか猪木よ」とあって、この濃さはやっぱり猪木へのラブレターだなぁ。広末涼子にも負けない。

　新間氏は「過激な仕掛け人」とも呼ばれたイケイケ時の新日本プロレス営業本部長だった。ファンにも新間氏のやり手ぶりは信頼されており、私が少年時代に買ったパンフ『闘魂スペシャル』には「自分も将来新日本プロレスに入って営業本部長になりたい」という同世代の投稿があった。そうか、新日の社員になれば大きな夢を実現していけるんだなぁと私も漠然と憧れた時期があったほどだ。しかしゴタゴタやドロドロを見ていたら「猪木は遠くから見ていたほうがいい」と判断するに至った。少年にそんなことを考えさせてしまう猪木なのである。

　猪木&新間の関係は古くて東京プロレスから始まっている。すぐに頓挫してカネを巡る件で猪木は豊登と新間を相手に告訴、豊登と新間も反論して告訴、完全に泥沼化の様相を呈した。

　このあと猪木は日本プロレスに復帰するが、4年後に乗っ取り騒動で追放され、翌年に新日本プロレスを旗揚げした（この一行だけでも凄い）。新間氏は東京プロレスを失ったあとは日光の銅山に行って鉱夫となっていたが、猪木が新日本プロレスを旗揚げすると新間氏も入社。側近として団体を盛り上げていく。80年代当初にプロレスブームと言われたときに新間氏は「これはプロレスブームではない、新日本プロレスブームだ」と言い切った。お寺の息子だったので弁も立ったのだ。専門誌や東スポで「新間節」を読むのも楽しみだった。

過激な仕掛け人・新間氏の奮闘もあって絶頂期を迎えた新日本だったが、猪木のビジネス「アントンハイセル」が軌道に乗らず、資金調達に苦しむ。

《資金調達に苦慮し始めた新間が新日プロの選手たちのギャラの中からも定期預金、積立の名目の金をキープし、それを一時的にハイセルの運営資金に流用し始めた事で、それまで鬱積していた選手たちの不満と不安が一気に爆発した。それがS58年8月のクーデター未遂事件となって噴出した。》（竹内宏介『燃える闘魂 醜聞列伝「猪木の弱点」』（2001年）

クーデターが起きて猪木は社長退任、新間は新日本を追われた。翌年、新間氏は新団体設立をぶち上げる。それが「UWF」である。新日本の中で孤立した猪木を独立させるために「受け皿」として新団体設立を計画した。

《新間は猪木と相談の上、前田日明、ラッシャー木村、剛竜馬、グラン浜田らを、この新団体に出向させることで合意。》（竹内宏介）

しかしここで猪木と新間の足並みが乱れた。猪木が3カ月で社長の座に復帰したことで、

《猪木は、あえて冒険をおかしてまで、この新団体に参加する必要がなくなってしまったのだ。ある意味では新間はハシゴを昇らされ、上に指しかかったところで、そのハシゴを下から外されたようなものだった。》（同前）

離れたりくっついたり、外からはまず理解できない猪木&新間。ふたりを現場で見たことのある人に実感を尋ねたら「コンビとか二人三脚というより、新間さんが猪木さんに惚れ抜いていた」という。

私は愛憎という言葉を新間氏で覚えたと言っていい。クーデター未遂事件からの新団体設立の件でふたりの別れは決定的に思えたが、なんと数年後に新間氏はまた猪木の側近として働き始めるのだ。今度はプロレス界ではなく政界で。そしてあの猪木告発事件（1993年）が起こるのだから……。新間氏の猪木への愛憎は計り知れない。

となると逆に想像してみたいのは「猪木側の視点」なのである。先ほど「新間氏のハシゴを外した猪木」という竹内氏の解説を紹介したが、これは熱烈に自分を慕う人物への猪木のツンデレなのか。

そういえば新間氏の功績に1983年に開催されたIWGPがある。数年にわたって実現に奔走した新間氏の願いはたったひとつ、猪木のIWGP優勝だった。しかし猪木はホーガンにKO負け。猪木は予定調和を嫌ったのではないか？　優勝するだろうという大方の予想をひっくり返してリアリティを出したかったのでは？　という説は今も根強い。

猪木は「近く」すら呆然とさせることで「遠く」にも響かせるという発想だったのだろうか。とすればあのとき最も猪木に熱かったのが新間氏だろう。「新間氏のハシゴを外した猪木」というフレーズがここにも当てはまってしまう。そうなると猪木ツンデレというより「そう簡単に猪木&新間コンビなんて言わせねえよ、俺は誰にもつかまらない」という猪木の孤高の人間感がみえるのだ。猪木めんどくせぇなぁ、やっぱり大好きだ。

玉袋筋太郎 × 天山広吉

HENTAIZADANKAI

玉袋筋太郎の変態座談会

TAMABUKURO SUJITARO

“猛牛”

HIROYOSHI TENZAN

天山広吉

地獄の出戻り合宿所生活をくぐり抜けて
栄光のnWoジャパン、感動のG1連覇
そしてIWGP王座戴冠とテンコジタッグ
新日本・現役最古参レスラーが初登場!!

収録日：2023年7月4日　撮影：タイコウクニヨシ　構成：堀江ガンツ

［変態座談会出席者プロフィール］

玉袋筋太郎（1967年・東京都出身の56歳／お笑い芸人／全日本スナック連盟会長）

椎名基樹（1968年・静岡県出身の55歳／構成作家／本誌でコラム連載中）

堀江ガンツ（1973年・栃木県出身の49歳／プロレス・格闘技ライター／変態座談会主宰者）

［スペシャルゲスト］天山広吉（てんざん・ひろよし）

1971年3月23日生まれ、京都府京都市出身。プロレスラー。新日本プロレス所属。学生時代からボディビル、バスケットボールで鍛え、新日本プロレス学校に入門。1991年1月11日、松田納（現エル・サムライ）戦でデビュー。1993年の『第4回ヤングライオン杯』に優勝してヨーロッパ遠征を果たし、1995年1月に帰国後、蝶野正洋、ヒロ斎藤と狼群団を結成してブレイク。1997年にnWoジャパン入り。1999年1月4日、小島聡とのテンコジタッグで第36代IWGPタッグ王座を奪取。その後、蝶野率いるT2000の一員となる。G1タッグリーグ優勝、G1クライマックス優勝、IWGP王座戴冠など数々のタイトルを手にし、真壁刀義らとのヒールユニットG・B・H結成や全日本プロレスの最強タッグに小島聡と優勝、飯塚高史との友情タッグなど、常に第一線で活躍をしてきた。現在は新日本における現役最古参レスラーとして、ベテランとしての凄みを見せつけ続けている。

KING OF SPORTS

「入門2日目に『ここは自分がいる世界じゃないな……』と思って、気持ちが病んで実家に帰りたくなっちゃったんですよ」（天山）

玉袋　どうも天山さん、おひさしぶりです！

天山　おひさしぶりです。いつ以来ですかね？

玉袋　下手すりゃ20年近く経ってるかもしれない。新日本の事務所が恵比寿（渋谷区東）に移った頃に三叉（又三）とロケに行って、天山さんが三叉にネックハンギングツリーをやったら天井に頭をぶつけて穴を開けちゃったんだよ。「まだ移ったばっかなのに穴開けちゃったよ、これ」っていう。

天山　だから社長室の天井に穴を開けて以来（笑）。

ガンツ　苦しかった時代のエピソードですね（笑）。

天山　さすが天山さんはいろんな逸話を残していますね（笑）。

玉袋　天山さんはエピソードには事欠かないからね。今日は橋本真也被害者の会を代表して来てもらったから（笑）。

天山　いやー、それはよく言われますね（笑）。

椎名　今日は降りてくるかもしれないですね、そろそろお盆だし（笑）。

ガンツ　ただ、いまは15時ですから、まだ寝ている時間かもしれないですね。昼夜逆転なので（笑）。

天山　橋本さんはだいたい夕方から動くんですよね（笑）。

ガンツ　天山さんはその橋本さんをはじめ、道場にそうそうたる先輩たちがいる時代を生き抜いたわけですよね。

天山　当時は無我夢中でしたけど、変わった人ばかりでまともな人は野上（彰＝ＡＫＩＲＡ）さんくらいでしたからね。それ以外はもうひどかったです。

ガンツ　「先輩にこの人がいたらヤバイ」っていう人が5、6人揃っているみたいな（笑）。

天山　そうですねえ（笑）。

玉袋　よく脱走しなかったなっていう。

天山　いや、脱走というか、じつは一度辞めてるんですよ。ボクは（新日本）プロレス学校で半年ほどトレーニングしたあと、入門テストに合格したんですけど。いざ、入ってみたら先輩も変な人が多くて雰囲気もあまりよくなくて、「ここは自分がいる世界じゃないな……」と思って、ホームシックじゃないですけど、気持ちが病んで帰りたくなっちゃったんですよ。それで入門2日目に……。

玉袋　2日目!?　また早いですね（笑）。

天山　ホント早いんですよ。ひと晩寝て、次の日になったら「これはもう……」っていう感じで。ただ逃げるのは嫌だったので、橋本さんや後藤（達俊）さんに挨拶をしたら、後藤さんには「じゃあ、辞めろ。早く帰れ！」って言われたんですけど、橋本さんは「おう、また違うところに行ってもがんばれよ！」っていう感じで励ましてくれたんですよ。
玉袋 破壊王のそういうところはいいんだよな。
天山 それで京都の実家に帰っちゃったんですけど、すぐに「俺、なんで帰ったんだろ……」となって。
ガンツ 苦労してようやく入門したのに、なんで2日で辞めてしまったのか。
天山 それで1カ月後くらいに「もう1回できないか」と思って、プロレス学校で同期だった金原弘光選手に電話して相談したんですよ。そうしたら「せっかく入ったのになんで辞めたんだよ！ 俺なんか入りたくても身長が足りなくて入れなかったんだぞ。やりたいなら、山本（小鉄）さんに連絡してもう1回入れてもらえよ」って言われて。それで小鉄さんに連絡したら、「おまえ、なんで辞めたんだ?」ってちょっと説教を喰らって「すみません、もう1回イチからやりたいんですけど」ってお願いしたら、「じゃあ、もう1回チャンスやるから」ってことであらためて1カ月後に再入門したんですよ。
玉袋 戻れたのはよかったけど、空気的にはキツかったんじゃないですか？
ガンツ 出戻りは最大の罪を背負うような感じで、何倍もキツいって言いますもんね。
天山 そうなんですよ。「コイツ、逃げたのにまた来やがって」っていう視線をみんなから感じて。それでも「今度は絶対に逃げずにやるしかない」「小鉄さんの顔に泥を塗るようなことはできない」と思って耐えたんですけど、精神的にも肉体的にもキツかったですね。

「プロレス学校では天山さんは唯一お金を持ってるということで〝京都のお坊ちゃん〟と言われていたんですよね（笑）」（ガンツ）

玉袋 プロレス学校時代は小鉄さんが先生だったんですか？
天山 そうですね。毎日ではなかったんですけど、週2回くらい指導を受けて、あとは生徒同士で練習をやったりとか。
ガンツ 当時はプロレスラー志願者がたくさんいた時代ですもんね。
天山 そうですね。だから当時は、まずプロレス学校に入って数カ月トレーニングをしてからじゃないと、入門テストを受けることができなかったんですよ。
椎名 まず月謝を払ってプロレス学校に通わないとテストも受けられないって、志望者がたくさんいるからこそのシステムですね。
天山 自分が入る1年前からそういうのが始まって、京都か

らダイレクトに入門テストが受けられなかったんで、道場の近くに家を借りて半年間通ってたんですよ。
玉袋 そのときアルバイトはしていたんですか？
天山 自由が丘のお蕎麦屋さんで皿洗いとかしてましたね。
玉袋 実家からの仕送りは？
天山 高校卒業したばかりだったんで、多少はありましたね。
ガンツ プロレス学校に通っていた人はみんなお金がなかったのに、天山さんは唯一お金を持ってるということで「京都のお坊ちゃん」と言われていたんですよね（笑）。
天山 いやいや（笑）。
椎名 岩手から出てきて、マクドナルドの清掃バイトをしていた（ザ・グレート・）サスケみたいなのばっかりだったんだ（笑）。
天山 サスケは新日本の入門テストで、「何か特技をやってみろ」って言われて、トップロープからムーンサルトみたいなのをやって飛んだり跳ねたりしていたんで、「コイツ、バカかな？」と思って（笑）。
椎名 サスケは最初から「サスケ」だったんだね（笑）。
玉袋 プロレスとの出会いっていうのは、猪木さんだったんですか？
天山 自分の場合は（初代）タイガーマスクなんですよね。アニメで『タイガーマスクⅡ世』が始まって、それから「本物が出ます！」って告知が出て「えっ、ホントか!?」ってことで観始めてプロレスにハマったんです。だから猪木さんをあまり知らなくて、藤波（辰爾）さんと長州（力）さんの名勝負数え唄のほうを「凄いな」と思って観ていましたね。
玉袋 考えてみたら当時の新日本は凄いよな。タイガーマスクがいて、名勝負数え唄があって、ＩＷＧＰを開催したりしてるんだからな。
天山 黄金時代ですよね。
玉袋 視聴率だって20パー以上獲ってさ。でも、その儲けの多くがアントン・ハイセルに流れていたっていうんだから凄いよ。
椎名 全然リサイクルできなかったし（笑）。
玉袋 天山さんが出戻ったときの後藤さんの反応はどうだったんですか？
天山 後藤さんは寮の居間でいつもファミコンをやっていまして、「あっ、また来たのか」って。それだけですね。リングのまんまですよ。
玉袋 ブロンド・アウトローだね～。
ガンツ また出戻りしたことで、本来後輩だった人が先輩になってしまうということも起こるわけですよね？
天山 そうなんですよ。自分が3月に入門して一度辞めて、5月に再入門したんですね。それで4月に西村（修）さんと小原（道由）さんが入門していたので、本来は自分が先輩なのに逆転しちゃって。また小原さんがめっちゃクセがあって。

ガンツ　よりによって、いちばんクセが強い人が先輩になっちゃって（笑）。

椎名　ずっと体育会系の上下関係で過ごしてきた人だもんね。国士舘大学柔道部でしょ？

玉袋　まだ西村さんだったら話が通りそうだけど、小原さんはなあ……（笑）。

天山　西村さんはプロレス学校時代は一緒に仲良くやっていたのに、やたら先輩風を吹かせて小原さん側に付くんですよ。「えっ、味方じゃないの？」みたいな（笑）。

「額に爪楊枝は恐る恐るやったら
プチッと刺さったんですよ。そうしたら
ライガーさんが10本くらい刺してきて
額が爪楊枝だらけ（笑）」（天山）

ガンツ　プロレス学校では友達だったのに（笑）。

天山　「最悪だ。なんで俺、逃げたんだろ？」と思って。運命のいたずらと言ったらあれですけど、そこで立場が変わってしまって嫌な思いもしましたねえ。

玉袋　その天山さんの新人時代の我慢強さ、たまに週プロの載る小さな写真からも伝わってきたもん。「こりゃ、苦労してんな」ってさ（笑）。

椎名　額に爪楊枝を刺されていたり（笑）。

玉袋　天山と言えば、ツノが生える前は額から爪楊枝が生えていたからね。当時の新日道場のオフショットとか、たいていそれだから。

天山　あれはデビューする前、（獣神サンダー・）ライガーさんに六本木に飲みに連れて行ってもらったのがきっかけなんですよ。

椎名　また、いかにも後輩いじりしそうな人に呼ばれて（笑）。

天山　あのとき、道場にカウボーイのセットみたいなのが置いてあって、「それを着て六本木に行け」って言われて、テンガロンハットを被って、カウボーイブーツを履いて行ったんですよ。「いまどきこんなの……」っていう（笑）。

玉袋　萩原流行くらいしかいなえよ（笑）。

天山　「その格好でアマンド前で立っておけ」って言われてたんでずっと立ってて、そうしたら当時ライガーさんと仲がよかった、藤原組の船木（誠勝）さんと鈴木（みのる）さんが来て。

ガンツ　悪い交流ですね（笑）。

天山　「これはちょっとヤバイな……」っていう雰囲気で（笑）。

玉袋　ライガー、船木、鈴木が揃ったらダメ！

椎名　船木さんが特に危険な気がしますね（笑）。

天山　だからヒロ斎藤さんの知り合いの店で飲み始めたんですけど、しばらくしたら船木さんが、藤原組の新弟子だった臼田勝美選手に「おまえ、いつものやつ、やれよ！」って言って、臼田さんの額に爪楊枝を刺し始めたんです。

椎名　やっぱり、あれも船木さんからなんだ！（笑）。

玉袋　ああいうことを平気でできるのがマッドネス！

天山　自分もあれを見て「うわっ、なにやってんの、これ!?」と思っていたら、ライガーさんが「おい、おまえもできるだろ！」って言い出して（笑）。

椎名　「藤原組にできて新日本ができないわけがない！」と。

天山　それで「いやー、マジっスか……」と思いながら恐る恐るやったらプチッと刺さって、「あっ、できた」って。そうしたらライガーさんが「おっ、もう１本！　もう１本！」って10本くらい刺してきて、額に隙間がないくらいに爪楊枝だらけになって（笑）。

玉袋　たこ焼きじゃねえんだから（笑）。

天山　爪楊枝はそれが始まりなんですよ。

玉袋　いや～、歴代のプロレスラーで天山さんがいちばん苦労したと思うよ。付き人は誰に付いたんですか？

天山　橋本さんですね。

玉袋　もう、その時点で大変だよ！（笑）。

天山　しかも、橋本さんに付いてしばらくしたら、若手が少なかったので長州さんの付き人も一緒にやってくれって言われて、ふたりの付き人を同時期にやってたんですよ。長州さんも見て、橋本さんも見てって、どっちもひどいから。

ガンツ　ふたりの仲もよくないし（笑）。

天山　そうなんですよ。長州さんの言うことをきくと橋本さんが怒るし、橋本さんの言うことをきくと長州さんが怒るし、こっちは踏んだり蹴ったりで（笑）。だから自分の時間というのは、寝る時間以外はまったくなかったですね。ベッドに横になっても朝が来るのが怖くて。

玉袋　長州＆橋本のＷ付き人ならそうなる！

天山　でも、ふたりの付き人は大変でしたけど、嫌な思いをしたりはなかったんですよ。小原さんはもう「ぶちのめしてやりてえ……」って思うくらいで（笑）。１年後にコジ（小島聡）が入ってきて、標的がそっちのほうに向いたんですけど。

ガンツ　新日本の後輩で、しかも浜口ジムの後輩だから、よけいにやられたわけですね。

天山　自分も再入門したという負い目があったから耐えましたけど、いま思い出してもムカつきますね。

「自分が売れたあとは若い頃に厳しかった人に感謝の気持ちが芽生えたりするけど、それすら芽生えないくらいだったんだろうな」（玉袋）

玉袋　新人時代、オフはなかったんですか？

天山　オフなんかないですね。入門した当時は外出禁止で、道場にずっといなきゃいけなくて。いまは新弟子でもイスに座っていいんですけど、当時は地べたに座らされて。昔は合宿所も土足でそのまま入っていたんで汚いんですよ。「これが人間の暮らすところか？」と思うくらいで（笑）。

椎名　ご飯はどうだったんですか？

天山　食事は当時、太（ふとり）さんっていう調理師の管理人さんがいらしたんで、ちゃんこ番のときはその補佐をすればいいだけで、食べることについては問題なかったんですけど。

ガンツ　逆に「食え！　食え！」って感じですよね。身体を大きくするために。

天山　でも入門したときは100キロくらいあったのに、すぐに10キロ落ちて。トレーニングして雑用があって休む時間もなかったので、食べても食べても体重が落ちていましたね。

玉袋　心労もあったんだろうな。本当に「お勤め、ご苦労さまでした！」（笑）。

天山　なんか刑務所みたいでしたね（笑）。

ガンツ　その体重が減った原因のひとつに、橋本さんがエアガンで撃ったスズメを食わされたっていうのもあるんですよね？（笑）。

天山　それもありましたね（笑）。体重が減った理由にはふたつ説があって、食べたスズメに寄生虫がいたっていう説がひとつ。あとは、やっと休むことができたときに「〝お風呂〟に行きたい！」と思って、川崎に遊びに行ったら、そこでちょっともらってしまって。

玉袋　息抜きのために、そっちをヌクのも必要！

椎名　そうしたら、もらっちゃったんですね（笑）。

天山　でも基本的に道場から外出できないので、実家から漢方薬を送ってもらって。そうしたら体重がゲッソリ落ちたので、スズメを食べたときの寄生虫なのか、そのどっちかですね。まあ、どっちもかもしれないですけど（笑）。

ガンツ　それにしても、野生のスズメを食わされるっていうのはなかなかですよね（笑）。

玉袋　ねえよ。ウチの一門でもそんなことなかったもんな。

天山　たけし軍団もそういうことはなかったですか？

玉袋　そこまではないですね。だから天山さんはすげえなって。地獄のトレーニングをやりながら、雑用、パンツ洗いもしているわけだから。

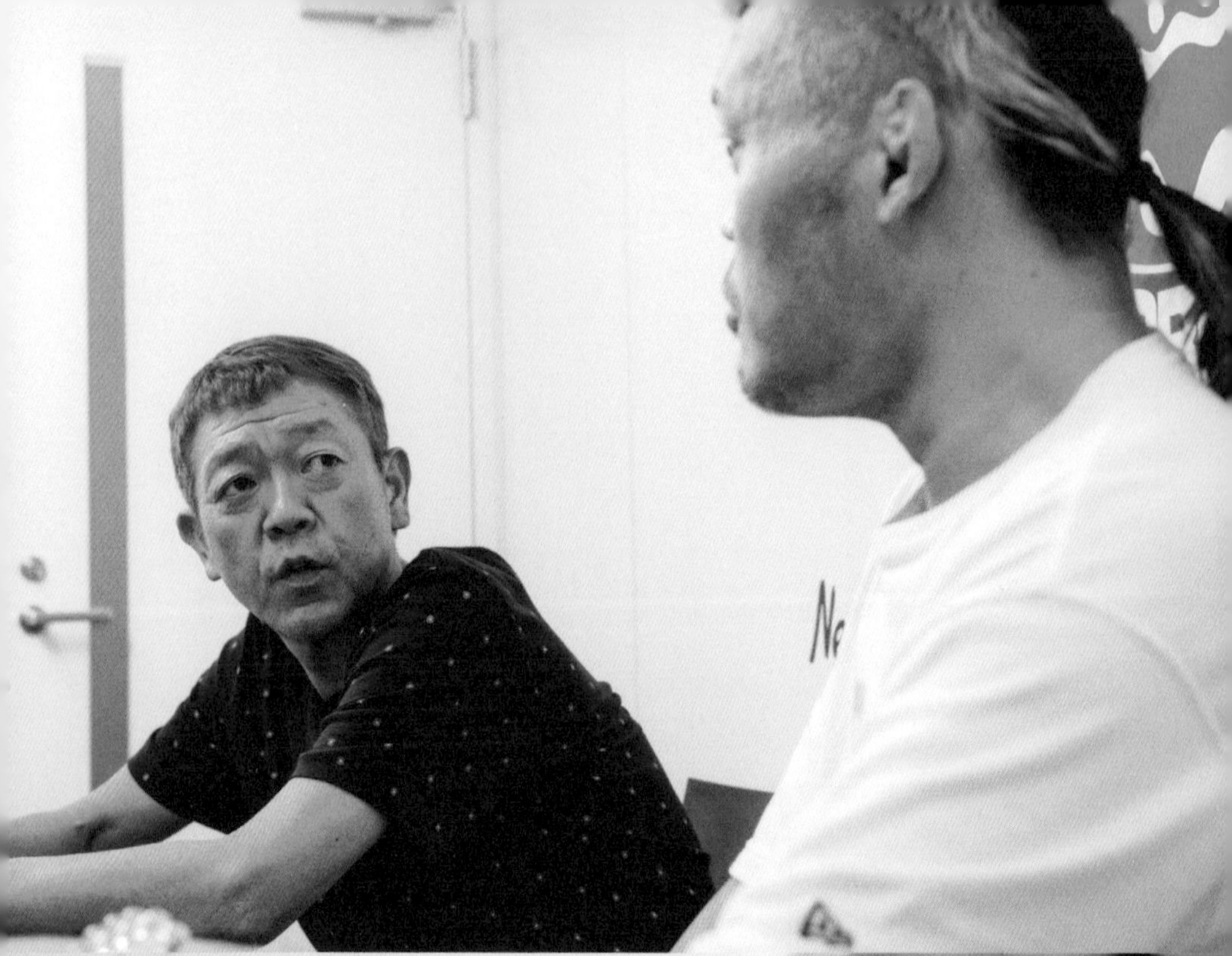

天山　巡業中は、試合が終わったら夜中まで洗濯の仕事がありましたからね。当時は田舎だとコインランドリーがなかったりして、タクシーに乗って隣の街まで30～40分かけてコインランドリーを探しに行ったりとか。それで行ったら行ったで、もう閉まっている時間だったり。

玉袋　でも、それは自分が売れて見返すしかないんだよね。で、天山さんはそれをちゃんとやったから偉いよ。のちにIWGPチャンピオンになって、G1でも優勝してトップに立ってさ。新弟子の頃は、ぶちのめしてやりたいぐらいに思ったこともあるんじゃないの。

天山　ホントにそれに近いところまで行きましたね（笑）。

玉袋　みんな若い頃はそういう思いをしてるのかもしれないけど（笑）。キャリアを積んで自分が売れたあとは、若い頃に厳しかった人とか、いじめてきた人に感謝の気持ちが芽生えたりすることもあるけど、それすら芽生えないくらいだったんだろうな。

天山　自分も京都から世間知らずのまま東京に出てきて、何もわからない状態だったんで。ひどいシゴキもあって厳しかったけれど、それに耐えて自分も強くなったところがあるから、多少の感謝もありますけど。でも、なんだかんだで「バカヤロー！」ですよ（笑）。

椎名　許すわけねえだろと（笑）。

「ドイツではかわいい彼女の家から試合場に通うようになって、凄くラクだし楽しかった。青春時代のいい思い出ですね」（天山）

玉袋　天山さんはヤングライオン杯に優勝して海外に行ったんですよね？

天山　そうですね。道場の生活から抜け出すためには、ヤングライオン杯で優勝して海外遠征をつかむしかないんですよ。だから道場から逃げたい一心で必死でやりましたね（笑）。

椎名　それだけつらい新弟子生活だと、どこかで諦めたくなる気持ちもあったと思うんですけど、どうやって乗り越えたんですか？

天山　やっぱり一度辞めているという負い目があって、「何がなんでもプロレスラーとしてリングに立つという夢を叶えなきゃいけない」という気持ちで、我慢して、辛抱してっていう感じでしたね。

椎名　新日道場の歴史上、最悪な時期にいたんじゃないかと思うんですけど（笑）。もちろん、新日本プロレス自体はドーム興行を連発していい時期だったけれど、道場の厳しさは度を越していたんじゃないかなって。

玉袋　そっから海外に出たときの解放感と言ったら、そりゃあ凄かったと思うよ。

天山　海外に行けたときは「ようやく道場から抜け出せた！」っていうよろこびもあったんですけど、向こうに行ってからは、なんとか試合で認められなきゃいけない。練習もして、身体もゴツくして、日本に帰るときには「アイツ、変わったな」と思われなきゃいけないっていうプレッシャーもありましたけどね。だから半年で呼び戻される話もあったんですけど、自分が変わるまで、1年でも2年でも向こうでやりたいなって思っていました。

ガンツ　ヨーロッパ遠征だと、英語すら通じない国もあったりして、みなさん言葉の面で苦労した話をよく聞くんですけど、天山さんはどうだったんですか？

天山　自分の場合、ドイツ語は難しかったんですけど、英語に関しては高校まで塾に通っていたんですよ。それは大学受験のためじゃなく、高校を卒業したらプロレスラーになるって決めていたんで、「プロレスラーになったら英語が必要になるんじゃないか」という思いで塾に通っていた部分もあったと思うんですよね。

玉袋　高校時代から、将来の海外遠征を見越して英語の塾に通うっていうのは、凄く用意周到で素晴らしいですね。

天山　あと、自分はO型なので「まあ、なんとかなるわ」って感じで、単語さえわかってしゃべればいいかなっていう。

玉袋　ヨーロッパでも、自分でクルマを運転してのサーキットとかはあったんですか？

天山　自分が行ったドイツは、大相撲みたいに同じ場所で15日くらいやるんですよ。

椎名　サーカス方式ですね。

天山　自分たちはキャンピングカーを借りてそこで生活して。それで終わったら1週間くらい休みがあって、また違う場所に移動してっていう感じだったので、ドイツの場合、移動はそんなになかったんです。そしてイギリスのときはプロモーターのクルマに乗せてもらって移動していたので、自分で運転するっていうことはなかったですね。

玉袋　ヨーロッパで彼女はできなかったんですか？

天山　1年目にいろいろ転戦して、ドイツのハノーバーってところに行ったとき、身長150センチくらいのかわいい女の子がいて、歳を聞いたら同い年だったんですね。それで声をかけたら仲良くなって、そのコは英語をしゃべれたのでやりとりして、キャンピングカーにそのコを泊めて、ほかのレスラーから「おまえ、きのううるさかったぞ」って言われて（笑）。

椎名　夜も15連戦！（笑）。

天山　で、その年の年末にイギリスに行ったんですけど、翌年またドイツに呼ばれたんですよ。ワンツに気に入ってもらえて「2年目もやるのはおまえが初めてだ」って言われて。

そのときは彼女の家から試合場に通うようになったので、凄くラクだし、楽しかったですね。

椎名 彼女はひとり暮らしだったんですか?

天山 そうですね。それで日本にも一度連れて来たんですよ。

ガンツ 蝶野さんと同じ感じになりそうだったんですね。

天山 そうしたら彼女は日本のことは好きだけど、住むとなるとちょっと合わないというか。

ガンツ 異国での生活は難しいですよね。

天山 それで別れてしまったんですけど、いまでもメールのやりとりはしているんですよ。

椎名 えっ、マジですか!?

天山 向こうも結婚して、子どももいるんですけど。いまは海外のいい友達ですね。自分にとっては青春時代のいい思い出でもあり。

「凱旋帰国してすぐに中年集団の平成維震軍入りはそりゃ嫌ですよね。絶対に蝶野さんのほうがカッコいいですからね(笑)」(椎名)

椎名 ドイツに行ったら、小原さんからも逃れられたし、彼女もできるしで、最高でしたね(笑)。

玉袋 楽園だよ(笑)。オットー・ワンツさんも親日家だったって聞くしね。「自分がもし日本で生まれていたら、相撲取りになりたかった」って言うくらいの人だって聞いたよ。やっぱりボスとしてもよかったんじゃないですか?

天山 ワンツさんにはホントによくしてもらいましたね。あとジョー大剛さんがワンツさんと仲がよくて、それでブッキングしてもらった部分もあるので、大剛さんにもトレーニングをはじめ、いろいろとお世話になりました。大剛さんの教えはちょっと辛口というか、「おまえ、そんな身体でいままで何をやっていたんだ。新日本はどんな教え方をしてるんだ!」みたいな感じで、自分の知らないトレーニング方法とか、いろんなことを教えてもらったんですよ。

椎名 筋トレのメソッドですか?

天山 いや、筋トレというよりもプッシュアップやスクワットのやり方で、より効果があるキツいやり方ですね。木箱の上に手を乗せてプッシュアップするとか、新日本とはまたちょっと違うやり方があって、それで身体がだいぶ変わってきましたね。

ガンツ ヨーロッパからカルガリーに行ったのは、大剛さんのブッキングだったわけですか?

天山 そうですね。ただ、カルガリーでは試合はせずに、大剛さんの家の近くのジムでトレーニングの集中指導を受けるために行った感じでしたね。それでトレーニングが終わった

WRESTLING

NEW JAPAN PR
Pro-W

ら、「昼メシ食いに行くぞ!」って言われてチャイニーズレストランのバイキングに行って、「ガンガン食え!」ってめっちゃ食わされましたけど、それでだいぶ太ったんですね。だから日本を出たときは100キロそこそこだったのが、帰ってくるときには125キロくらいまでになったんで。

玉袋 当時のカナダマットはどうだったんですか?

天山 スタンピートっていう有名な団体があるから試合もやりたかったんですけど、当時はちょっと下火になっていて、試合もあまりやっていなかったんですよ。

ガンツ 地元のスター選手がみんなアメリカや日本に行っちゃったんですよね。ハート一家をはじめ、クリス・ベノワ、ブライアン・ピルマンとか、みんないなくなって。

天山 だから自分はトレーニングでとにかく身体をデカくして、日本に帰ったらヘビー級で一旗あげようと思っていましたね。

ガンツ ところが帰国早々、平成維震軍に入れられそうになったんですよね?(笑)。

天山 そうなんですよ! 日本に1年8カ月ぶりに帰ってきたら、成田空港に維震軍のバンが停まっていて、小原さんもいて(笑)。

ガンツ 「なんで待ってるんだよ!」と(笑)。

天山 ホントですよ。やっと日本に帰ってきたと思ったら待ち構えていて。それで強制的に平成維震軍のバンに拉致されてしまうという。

ガンツ バラエティ番組のドッキリというか。昔の『進め!電波少年』で若手芸人が無理やり連れて行かれて、新企画をやらされるようなもんですね(笑)。

玉袋 目隠しされてな(笑)。

天山 ホントにそんな感じでしたよ。「どこに行くんだろ?」って(笑)。で、空港からまっすぐ道場に行ったんですけど、「おまえ、わかってるよな? 一緒にやっていくぞ」って越中(詩郎)さんに言われて。「あ、そうなんですか。……まあ、わかりました」って、いちおう返事して。でも、そんな話は聞いていないし。

椎名 凱旋帰国してすぐ、中年集団の平成維震軍入りはそりゃ嫌ですよね(笑)。

天山 その前に蝶野さんとはいろいろあったんですよ。帰国直前に出場したブレーメンの大会に蝶野さんが来てくれて、「日本に帰ったら俺と一緒にやろうよ」ってそこで言われていたんですよ。だから平成維震軍に「一緒にやろう」って言われても、「遅いよ、おまえら」って感じですよ。

椎名 蝶野さんのほうがカッコいいし、絶対にそっちのほうがいいですよね(笑)。

天山 維震軍に入ったらもう地獄ですよ(笑)。なので自分としては、蝶野さんのほうに行ったほうが絶対にいいと最初から思っていましたね。

ガンツ　それで後楽園で平成維震軍を裏切ったんですよね？

天山　後楽園の昼夜興行で、昼が維震軍、夜が新日本の興行だったんですよ。その昼の維震軍興行のオープニングに自分が私服でリングに上がって、握手を求めてきた越中さんにモンゴリアンチョップを食らわせて、拒否したんですよ。

椎名　あの昼夜興行の流れは最高でした（笑）。

天山　それで急きょ、自分と小原さんが昼の維震軍の興行でシングルをやることになって、「やりたくないな……」と思いながらも、最後にパイルドライバーで脳天をマットにぶっ刺して勝ったんですけど。

玉袋　そりゃ気持ちよかっただろうなあ（笑）。

ガンツ　昼の維震軍の興行で平成維震軍を裏切って、夜の新日本の興行でいよいよ蝶野さんと合体するわけですよね。

椎名　あの昼の興行で「覇」っていう平成維震軍の旗が貼ってあったんだけど、それが途中でパタッと落ちたんだよ。ホントだよ？（笑）。

ガンツ　平成維震軍の行く末を暗示するかのように（笑）。

天山　ホントに維震軍に行かなくてよかったですよ（笑）。

「西村さんが『ヤマギューとギューヤマ、どっちがいい？』とか言ってきて、『どっちでもいいよ！』みたいな（笑）」（天山）

ガンツ　凱旋帰国する選手はみんな少なからずプッシュされますけど、天山さんの凱旋は第三世代でいちばん成功したというか、一気にメインイベンターに上がりましたよね。

椎名　ホント一気に行ったたっていうイメージがあるよね。

天山　自分は凄く恵まれていた気がしますね。ドームで凱旋試合をやって、すぐに橋本さんとＩＷＧＰのタイトルマッチをやらせてもらって、そこから蝶野さんと一緒にやるようになって。やっぱり蝶野さんという存在が大きかったですよね。もし蝶野さんがいなくて、あのまま平成維震軍に入っていたらと思うと、いまごろ何をやっていたか（笑）。なので、あそこでチャンスをモノにできてよかったですね。

ガンツ　ただし、蝶野さんと組むことでタッグマッチでは8割、天山さんが出ずっぱりになるという（笑）。

天山　最初はそこまでひどくはなかったんですよ（笑）。それがだんだん自分が出ている時間が多くなっていって。だけど、それも自分のためになったので。

ガンツ　連日、メインイベントクラスの試合に出て、出ずっぱりなら相当鍛えられますよね。

天山　やっぱり試合してなんぼですから。

ガンツ　そして狼群団には蝶野さんだけじゃなく、プロレスが最高に巧いヒロ斎藤さんもいて。

天山　いつも試合が終わったら、焼肉屋とかで反省会をやっていたんですよ。ダメ出しもされたんですけど、毎日ごちそうになって、いろんな指摘をしてもらったので、ホントに自分としてはありがたかったですね。

ガンツ　でも橋本さんの付き人で関わりも深かった天山さんが、蝶野さんのベストパートナーになるっていうのも意外ですよね。

天山　橋本さんは当時、本隊のリーダーだったじゃないですか。自分は本隊に帰るつもりはなかったんですよ。海外ではずっとヒールをやっていたので、日本に帰ってからも反体制にいたほうが目立つんじゃないかという思いもあって。そこに蝶野さんという絶好のパートナーがいてくれたという感じですね。

椎名　蝶野さんって早くから、新日本のストロングスタイルとは違うアメリカンスタイルでやっていて、その後、日本のプロレスもそっちへ向かっていくわけだから。そういう意味でも、天山さんがそっちに行ったのはよかったなって思いますね。キャラ的にも合っていたし。

ガンツ　マスクマンじゃないのに、ツノのついたマスクで入場してくるのとか、時代を先取りしていますよね。

玉袋　「牛」のキャラクターっていうのが、またいいよ。

天山　それは小原さん由来だったりするんですよね。入門したとき、「おまえ、顔デケーし、牛みてえだな」とか言ってきて。そこから「ヤマギュー」って呼ばれるようになったんですよ。

玉袋　あだ名の「ヤマギュー」はそっからなんですね。

天山　それで西村さんも「ヤマギューはいいね。ヤマギューとギューヤマ、どっちがいい？」とか言ってきて、「どっちでもいいよ！」みたいな（笑）。

ガンツ　団体がオフィシャルで発表している異名でもないのに、ファンにもすぐに浸透しましたよね。ファンもみんな「ヤマギュー」って呼んでて。

天山　そうやって呼ばれるなら、自分のキャラにしちゃったほうがいいかなと思って、ツノのマスクを自分で発注して、猛牛のイメージを作っていったんですね。だからなんだかんだで小原さんの影響って大きかったりするんですよ（笑）。

玉袋　でも、あのツノはホントによかったよ。あれは素晴らしい。

天山　それでパンツのお尻の部分にも牛のツノのマークを入れて。それはヤマギューの時代からもやっていたんですけど。

玉袋　ステーキ屋っぽいマークですよね。そこにリベラが協賛でつくとかはなかったんですか？（笑）。

椎名　たしかにあのマークはリベラ感ありますね（笑）。

天山　リベラはたまにちょこちょこ食べに行って、ジャンパーはもらったんですけど。協賛もしてもらえればよかったですね（笑）。

玉袋　とにかく、あのツノは天山さんのフォルムにピッタリだったよ。

椎名　武藤さんの「610ヘルメット」とは大違いですね（笑）。

ガンツ　で、蝶野さんと狼群団を結成したあとは、それが発展してあの一世を風靡したnWoジャパンになるわけですよね。

椎名　蝶野さんについて行って、ホントによかったですね。越中さんについて行ってたらこうはならない（笑）。

玉袋　平成維震軍はnWoジャパンにはならない！

椎名　サムライJAPANにはなっていたかもしれないけど（笑）。

ガンツ　なぜかサッカー日本代表に先駆けて（笑）。

「nWoTシャツがめちゃくちゃ売れて小鉄さんも大喜びで、あのとき俺は焼肉をおごってもらったもんな（笑）」（玉袋）

天山　nWoジャパンはそこからTEAM2000になって、

URVAL_IIE

チームとしても大きくなっていったんで、やっぱり蝶野さんと一緒にやっていてよかったですね。

ガンツ　いまのバレットクラブや、ちょっと前のロス・インゴの原型のような、スタイリッシュなヒール集団の先駆けでしたもんね。

椎名　ｎＷｏジャパンとか、あのへんからプロレスが変わったなっていうのはあるよね。

玉袋　その前のヒール集団はブロンド・アウトローズだもん。ｎＷｏとはずいぶん違うぜ？（笑）。そこは蝶野さんのプロレス頭が凄いってことだよね。

ガンツ　またｎＷｏは国際的なユニットの先駆けでもありますよね。それまで日本人と外国人の混成ユニットとかはなかったはずなんで。

天山　そうですね。だから自分らも日本でやるだけじゃなくて、アメリカにも呼ばれて。最初のうちは蝶野さんはともかく、自分が向こうのｎＷｏに混じっていると「なんでこんなヤツがいるんだ？」って思われていたんですけど、キャラがキャラだったので向こうでもうまくできたかなって。だからＷＣＷでも試合できましたし、自分のレベルアップになりましたね。

椎名　プロレスのＴシャツがあれだけ売れたのもｎＷｏが最初でしょう。

天山　あのＴシャツはめちゃくちゃ売れましたね。街でも普通の人がみんな着ているし。

玉袋　あれで選手バスが買えたっていう話だもんな（笑）。

天山　ホントに凄かったみたいですね。

玉袋　グッズ会社の新日本プロレスサービス社長だった小鉄さんも大喜びで、あのとき俺も小鉄さんに焼肉をおごってもらったもんな（笑）。

ガンツ　蝶野さんが、そんなに儲かるから自分でもやろうって、アリストトリストを立ち上げるきっかけにもなったという（笑）。

玉袋　そういえば、闘魂クラブから出てきたアマレス出身の選手たちを天山さんはどう思っていたんですか？　中西学、永田裕志、石澤常光とか、あのへんは。

天山　みんな大学を出てから入門して、レスリングのキャリアもあって。その一方で、自分やコジなんかは高校卒業してアマチュアレスリングも何も経験しないままプロレスの世界に入った人間だったんで、「アイツらには絶対に負けたくない！」って思っていましたね。

ガンツ　みんな天山さんの歳上の後輩になるわけですよね。

天山　中西で4歳くらい上かな。

椎名　キャリアは？

天山　向こうが2年くらい後輩になるんですかね。

玉袋　でも、あの人たちは幕下付け出しデビューって感じがするもんな。

天山　だから中西なんかはデビュー戦も華々しくて、いきなり藤波さんとタッグを組んで、トップ外国人のスコット・ノートンと対戦したりしていましたからね。

ガンツ　最初からスタイナー兄弟の日本版みたいなキャラ付けまでされて。

玉袋　アマレスのヘッドギアを着けてやってたよな。

天山　だけど道場でのトレーニングやスパーリングでも絶対負けないようにと思って、もう意地でしたよね。アマチュアレスリングでどれだけやっていたとしても、こっちは新日本の道場で1年も2年も先にやっている人間だから、絶対に負けないと思っていたんで。

玉袋　いいなー。

天山　向こうはオリンピックに出たとか、全日本選手権で優勝したとか、いろんな実績もありましたけど、「そんなの関係ねえよ!」ってくらいに思っていましたね。もちろん彼らは彼らでエリートって言われていたんで、プレッシャーもあったろうし、やりにくかったかもしれないですけど。自分たち雑草から見れば、あとから簡単に入ってきて先に行かれるなんてことになったら「ふざけんな!」って気持ちになりますからね。

玉袋　ここまで、どれだけ苦労してきたんだっていう(笑)。

ガンツ　向こうは雑用三昧の生活を送っていないわけですもんね(笑)。

椎名　橋本さんがモデルガンで撃った動物の死体処理とかやらされていないもんね(笑)。

「苦しい時代のときは永田や中西も同じだったと思いますけど、『新日本をここでなくすわけにはいかない』っていう必死の思いでした」(天山)

玉袋　だから新日本というひとつのライオンマークの中に、いろんなタイプの選手がいたっていうのがおもしろいし。そこからそれぞれが違う形で世に出たりとか、多様性がおもしろかったね。

ガンツ　デビューしてからは、なんだかんだで実力勝負ですしね。

天山　「ここで負けてたまるか!」っていう気持ちは常に持っていましたね。なんとかチャンスをつかんで、のし上がってやるっていう思いでやっていたんで。なので、ちょうど狼群団からnWoジャパンのあの時代がいちばん楽しかったなって思いますね。どこの会場に行っても超満員で、本隊の連中が入場してきてもたいして盛り上がらなかった会場が、自分らが出て行っただけでできあがっている状態だったんで。

玉袋 そういう盛り上がりの中で試合をするって、たまらないものがあるでしょう。

天山 その中でタッグマッチは自分が8割くらい出ずっぱりだったんで（笑）。大変でしたけど、充実していましたね。ホントに楽しかったです。

椎名 ｎＷｏが大暴れしていたときって、対戦相手の背中に黒のスプレーで「ＮＷＯ」って書いたりしていましたけど。小原さんが相手のときだけ、背中に「犬」って書いたときがありましたよね（笑）。

天山 はいはい（笑）。

椎名 「犬」ってすげえなあと思って（笑）。

ガンツ そこから後藤&小原の犬軍団になったわけですもんね。犬軍団っていうネーミングも凄いですけど（笑）。

玉袋 で、天山さんはそのあとＧ１優勝するわけか。

ガンツ ２００３年、２００４年とＧ１を2連覇するわけですけど、天山さんがトップに立った頃っていうのは、新日本が苦しい時代になっていたんですよね。

椎名 そうだよね。ｎＷｏやＴＥＡＭ２０００が終わったあとだもんね。

ガンツ 新日本もゴタゴタ続きで、橋本さんや武藤さんが次々と抜けて、いちばん苦しいときに天山さんが屋台骨を支えなきゃいけない立場になって。

天山 そうですね。長州さんたちも抜けて、社長も変わったりして。新日本自体の存続が厳しい、いつ潰れてもおかしくないっていう状況に追い込まれていたので。

椎名 格闘技ブーム真っ只中だったし。

天山 それで猪木さんもあっちに行ったりこっちに行ったりで。「いいかげんにしてくれよ……」って思っていましたけどね（笑）。

椎名 当時はそういう感情があったでしょうね（笑）。

ガンツ 格闘技と関わるんじゃなくて、しっかりとしたプロレスを見せたいっていう。そこも蝶野さんと意見が合ったわけですよね。

天山 そうなんです。なので永田、中西も同じだったと思いますけど、「新日本をここでなくすわけにはいかない」っていう必死の思いでしたね。

ガンツ 当時、永田、中西、カシンだけじゃなく、天山さんも総合の試合に出されそうになったという話を聞いたんですけど。

天山 そんな話もあったのかな？ 直接、自分のところまで正式なオファーがあったわけじゃないんですけど、もしあったとしても断っていたと思うんですよね。べつにそれのための対策をしているわけでもないし、プロレスを一途にやってきたわけだから、いまさら総合って言われても。なので、直接言われたりはなかったんですけど、そういう噂みたいなのはたしかにありましたね。

椎名　そういう時代だったんですよね。

ガンツ　天山さんはその分、プロレスの試合でめちゃくちゃ身体を張っていましたよね。

天山　垂直に落とされたりとかしてましたからね。「どんなにやられても立ち上がってやる」という気持ちだったんですけど、ダメージはめっちゃありました。だから、いまになって当時の後遺症みたいなものが、首、腰、脚にきちゃってますし。

玉袋　プロレスラーは過酷な仕事だよ。

「あれだけ苦労していまの地位を築いたんだから簡単には辞められないですよね。まだまだこれからも期待していますよ！」（玉袋）

ガンツ　試合中に「ヤバい……」と思ったことが何度もあったのでは？

天山　ムーンサルトを失敗したときは頭から真っ逆さまにドーンと落ちちゃって。それが2、3回ありましたからね。

玉袋　うわー。

天山　東京ドームでWCWのトップだったクリス・ベノワとシングルマッチが組まれたときがあって（2000年1月4日）。ここは大一番だし、何か新しい大技を見せなあかんと思って、練習したことないけど雪崩式フランケンシュタイナーをやったんですよ。そうしたら失敗して、そのままストーンと真っ逆さまに落ちちゃったんですよ。

椎名　ひとり雪崩式パイルドライバー状態で（笑）。

天山　で、フラフラになりながらそのあとダイビングヘッドバットをやって頭を打ちながらも勝ったんですけど。

玉袋　いまだからこうやって笑えるけど、怖かっただろうなあ。

天山　いつも1・4東京ドームが終わったらオフになるので、家族でハワイ旅行に行ってたんですよ。その年も5日に出発予定だったんですけど、首がそんな状態だったから「ちょっと俺、行けないわ」って言ったら、嫁さんから「キャンセル料、いくらかかると思ってるのよ！」って怒られて（笑）。

椎名　「あんたの首とハワイ旅行、どっちが大事だと思ってるの！」って（笑）。

天山　それで首にコルセットを巻いて無理やりハワイに行きましたね（笑）。

玉袋　南国でコルセットはつらい！　それでも大きな事故にならなくてよかったよ。

天山　そのときも含めて、ちょっと間違えていたら大事故になっていたかもしれないと思うと、あらためてこういう仕事

WRESTLING
estling

は大変だなって。だから身体が五体満足なときは「なんでも来い！」っていう思いだったんですけど、40代になって痛めている箇所や不自由な箇所が増えてくると、入場するときにちょっと怖いなって気持ちが出るようになったんですよね。でもリングに上がってしまえばやるしかないので、「どんな技でも受けてやるよ！」って気持ちになって、後輩相手でも「遠慮なくガンガン来いよ！」っていう気持ちでやっていますけどね。

ガンツ　じつは天山さんは、いまの新日本で生え抜き最古参になるんですよね。

玉袋　ああ、そうなんだ！

天山　ホント、いつの間にかね（笑）。昔は上ばっかり見ていたのが、いまは新日本所属では後輩しかいないんですよ。ライガーさんも引退されて、自分がいちばん昔からいる人間になって。自分としてはまだまだ若いつもりでいるんですけど、いちばん昔からいるとなると、いつまで選手契約してもらえるか、毎年心配でしょうがないですけどね（笑）。

玉袋　いやいや、まだまだですよ！

天山　身体が続くかぎりはしっかりやっていきたいなっていうのがありますけどね。

椎名　いちばん大変だった時期に天山さんが踏ん張って、その後の新日本があるんだから。２０００年代半ばで終わっていてもおかしくなかったと思うもん。

ガンツ　ベストパートナーである小島選手は、そうなる前に武藤さんについて行っちゃいましたしね（笑）。

天山　パートナーに相談もなしに裏切りやがって、そのあと出戻りがあったりとか（笑）。

ガンツ　小島さんは全日本から出戻りですぐＩＷＧＰ王者になりましたからね。同じ出戻りでも新人時代の天山さんとはえらい違いという（笑）。

天山　ホンマですよ（笑）。でも自分は新弟子時代に一度逃げたとき、「もう二度と出ることはない」と誓ったし、新日本がいちばんだと思ってここまでやってきたんで、動けなくなるまで新日本で闘い続けたいと思っています。

玉袋　あれだけ苦労していまの地位を築いたんだから、簡単には辞められないですよね。

椎名　合宿所の雰囲気も、いまと天山さんの時代は全然違うでしょ？

天山　全然違いますよ。練習は厳しいですけど、練習にさえしっかりついていけたら問題はないので、いまは最高ですよ。

玉袋　あの時代を生き抜いた天山さんだからこそ言える言葉だな（笑）。

天山　いまはもうホントに天国ですよ。トレーニングをしっかりやってチャンスをつかめばトップレスラーになれるんで

すから。昔はトレーニング以前の問題で、心労の連続でしたから。

玉袋　いやもう、聞くも涙だよ（笑）。

椎名　その地獄を耐えて、海外でも苦労して帰ってきたら平成維震軍に入れられそうになったわけだしね（笑）。

天山　あそこが人生の分かれ目でしたね。あそこの選択を間違えなくてよかったと、ホント思いますよ（笑）。

玉袋　じゃあ天山さん、これからも期待してます！

バッファロー吾郎Aの

きむコロ列伝!!

Buffalo Goro A

第140回 闘う君の唄を闘わない奴等が笑うだろう

バッファロー吾郎A

バッファロー吾郎A/本名・木村明浩(きむら・あきひろ)1970年11月24日生まれ/お笑いコンビ『バッファロー吾郎』のツッコミ担当/2008年『キング・オブ・コント』優勝

『RIZIN.43』をスカパー録画視聴。煽りVの音楽は会場が北海道ということで北海道出身のミュージシャンで統一するという面白い試み。私の中で北海道出身のミュージシャンといえば中島みゆきさんだ。メインのクレベル・コイケvs鈴木千裕の煽りVで『ファイト!』が流れる。PRIDE時代も含めて煽りVで初使用なのか? だとしたら意外だ。この曲は歌の中に元気が出る言葉が溢れているメッセージソングのはずなのに、聴き終わると〝悲しい〟というより切なさとつらさが入り混じった〝哀しい〟気持ちになるのは私だけだろうか? メインイベントは『クレベル&鈴木vs日本』という図式で外国人やハーフの人が日本で生きていく哀しさがテーマ。名曲に名映像が加わるとその辺の『泣ける映画』なんかより泣けるし、煽りVを見てるほうがふたりの苦悩や生き様が感じ取れて(ほんの僅かかもしれないが)少し的外れなトラッシュトークより感情移入して観戦できる。

メインのVは煽りV史上5本の指に入る名作だったことは間違いないだろう。

本当ならこういう話を友人と酒を飲みながらしたいのだが、友人が少ないというのもあるが、プロレス&格闘技が細分化されすぎて自分の好みと合う人がなかなかいないというのが悩みだ。SNSで探すという手もあるが、顔がわからない知らない人と話すなんて人見知りな私にとっては苦痛でしかない。

私はそんなことを考えているうちに眠ってしまい夢を見た。人の夢の話はつまらないモノだが、興味深い内容だったので紹介したい。

——誰かとプロレスと格闘技の話、略してプロ格談義をしたくて街を歩いているけど、話し相手が見つからないなあ。

アリ　ボクとプロ格談義をしようよ。

——誰だ? 姿を現せ!

アリ　ボクはすでにA先生のそばにいるよ……。ボクだよ、アリだよ。

――アリ？　まさか『蝶のように舞い、蜂のように刺す』という唯一無二のボクシングスタイルで伝説のチャンピオンになり、トラッシュトークの元祖でもあり、アントニオ猪木さんと異種格闘技戦で激闘を繰り広げた格闘技の神様、モハメド・アリさんですか？

アリ　違うよ、はたらきアリだよ。

――ズッコケーッ！　天国のモハメド・アリさんが格闘技の神と化してボクの脳に直接語りかけてきたんじゃないの？

アリ　全然違うよ。下を見てごらん。

――あっ、道に落ちている『ガツン、とみかん』のアイスの棒の上に1匹のアリが。アリじゃなくて蟻かぁ。ま、そういうオチも〝アリ〟かもね。

アリ　ごめん、シャロン・ストーンがノーパンで足を組み替えるシーンを思い出していたから聞いてなかった。もう一度言って。

――なつかしい、『氷の微笑』。もう一度言うほどでもないからいいや。そんなことよりも何の話をしようか？

アリ　2023年上半期の名勝負を語り合おうよ。

――それいいね。

アリ　A先生はどの試合？

――上半期だけでも名勝負が目白押しだったけど、生で観て感激したのは新日本両国大会のメインだったオカダvsSANADAかな。

アリ　IWGP世界ヘビー級戦だね。

――大好きなSANADA選手が悲願の初戴冠というのが嬉しかった。

アリ　新必殺技のデッドフォールがカッコいいね。

――あとオカダ選手とSANADA選手の試合っておもしろいから永遠に観ていられるんだよね。アリさんの上半期名勝負は？

アリ　RIZINの井上直樹vsフアン・アーチュレッタかな。

――あれは凄かった。

アリ　寝技の攻防が〝とんでもない高次元でおこなわれている〟というのが素人のボクが見てもわかるくらい凄い闘いだった。

――あの試合は芸術の域に達していたね。井上選手、惜しかったからぜひ再戦してほしい。総合で言えば新居すぐるvs飯田健夫の親友対決も印象的だった。

アリ　あの試合は煽りVの時から泣いちゃった。解説の川尻さんが「（親友で殴り合うなんて）絶対やりたくない」って言っていたくらい漫画のようなシチュエーションで。

――新居選手が、勝利者インタビューで倒れている飯田選手を気遣いながら静かに語る姿に心打たれた。

アリ　心打たれたと言えば、ドラゴンゲートの菊田円選手初戴冠の試合。

――2年前のタイトルマッチの途中で怪我をしてしまうアクシデントがあって、諦めずにがんばって2年後に同じ場所で同じ相手（シュン・スカイウォーカー）からベルトを勝ち取るっていう。

アリ　諦めない心って大事だね。

――菊田選手はまだ23歳くらいでしょ？若いのに凄いね。

アリ　総合の三浦孝太選手なんて21歳だよ。

――若いって素晴らしい！　ということでアリさんとの対談はこのへんで。アリがとうございました。

ここで私は目が覚めた。

KAMINOGE COLUMN

SANYO

タカラ

タカコ

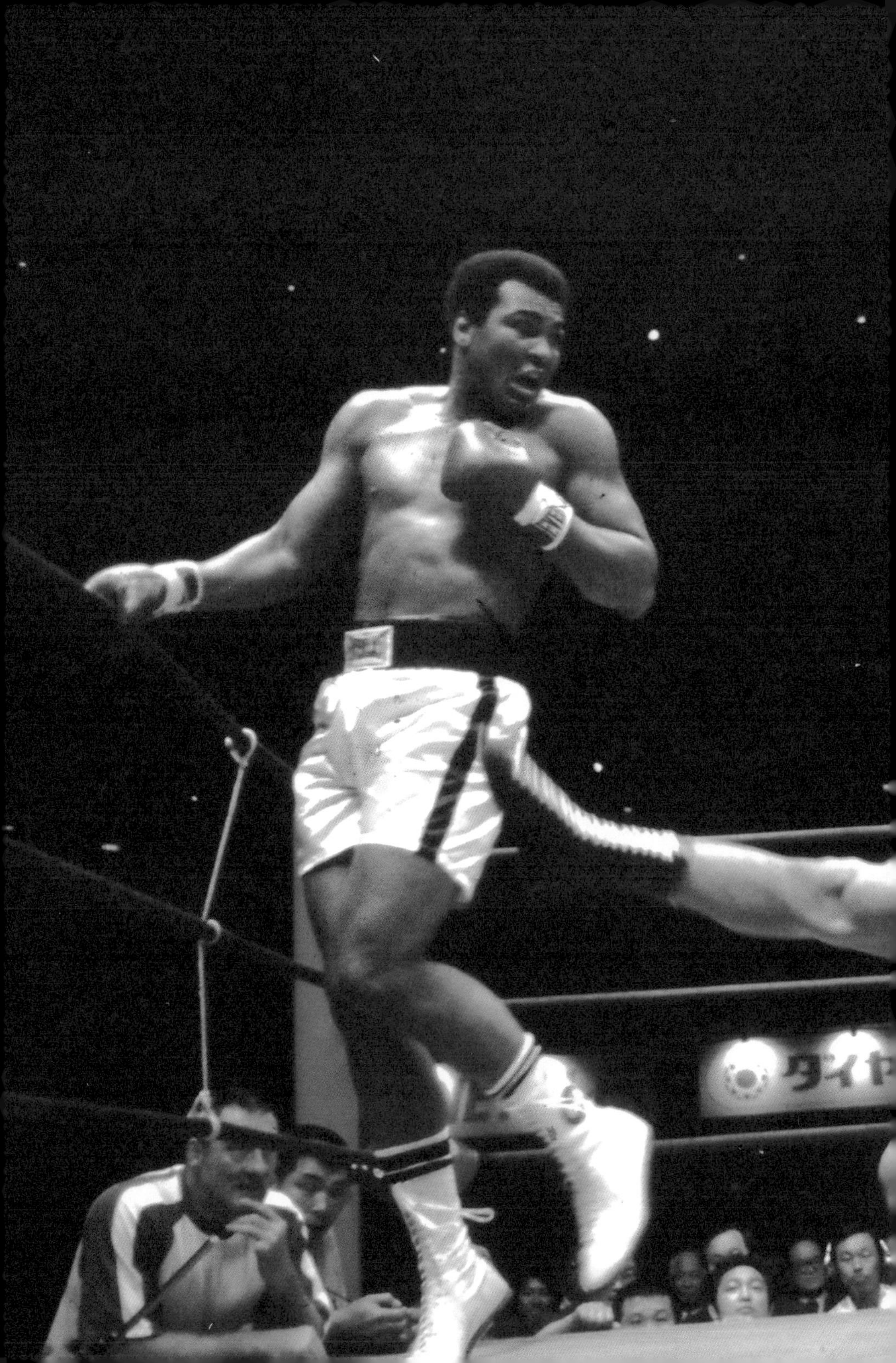

2023年に語る
アントニオ猪木vsモハメド・アリ。
"世紀の一戦"が現代の格闘技シーンにもたらしたもの。

「猪木さんの弟子である佐山先生がやったことの凄さが、本当に広く知られるのにはもう少し時間がかかるという気はします」

「でもNHKで猪木vsアリを正当に評価する番組をやってくれたことは、物事が流れていくひとつの兆しだと本当に思います」

収録日：2023年7月11日
撮影：タイコウクニヨシ
構成：堀江ガンツ

中井祐樹 元プロ修斗ウェルター級王者／日本ブラジリアン柔術連盟会長

柳澤健 ノンフィクション作家

Katsuya Terada
Kari Nakagawa
Sakura Hirota
Taiki Enomoto
Akane Nagano

7月7日、NHK『アナザーストーリーズ 運命の分岐点』で「アントニオ猪木vsモハメド・アリ〝世紀の一戦〟の真実」という特集が放送された。1976年6月26日に日本武道館でおこなわれた猪木vsアリ戦は、日本を代表するプロレスラーとボクシング世界チャンピオンによる「世紀の一戦」とされたが、結果、この試合は「世紀の凡戦」として酷評されることとなった。しかし同番組では、両陣営の関係者や試合を追ったジャーナリストを取材して、この一戦の〝真相〟に迫ったのだった。

猪木vsアリ戦についてもっと知りたい。今回、日本の総合格闘技の礎を築いたひとりである中井祐樹と、『1976年のアントニオ猪木』や『1984年のUWF』の著者であるノンフィクション作家の柳澤健のふたりにも、この一戦について、そしてこの試合が現代の格闘技シーンにもたらしたものについて語ってもらった。

「猪木vsアリがなかったら
世界の総合格闘技もなかったと思いますよ。
いまのMMAのルーツは日本ですから」(中井)

——先日、NHK『アナザーストーリーズ』で、アントニオ猪木vsモハメド・アリ戦が特集されましたが、中井さんは番組をご覧になりましたか?

中井 その日は名古屋に行っていて、オンタイムでは観られなかったんですけど、あとで観ました。

——柳澤さんは番組に出演もされていましたね。

柳澤 はい。テレビに映る自分の姿があまりにも年寄りになっていて愕然としましたけど(笑)。もともと東北新社という番組制作会社がボクのところに来て、「誰に話を聞いたらいいでしょうか?」って相談をされたので「猪木vsアリは日本側の話だけでは見えてこないから、アメリカの話を聞いたほうがいいですよ」という話をしました。ボクが名前を挙げたのは、あの試合をプロモートしたトップランクのボブ・アラム、WWEのビンス・マクマホン、あとはUFCのデイナ・ホワイト。その3人に話が聞けたら相当おもしろくなるだろう、という話をした憶えがありますね。

中井 実際、ボブ・アラムは出てきましたけど、柳澤さんの案だったんですね。

柳澤 たまたまきのう、東北新社の担当者からお礼の電話があったんですよ。「ボブ・アラムにとってはあまりうれしくない話題だったと思いますけど、実際はどうでしたか?」って聞いたら「いや、快諾してくれましたよ」と言ってました。彼は井上尚弥のプロモーターでもあるので、日本からテレビクルーが来るなら井上vsフルトンの試合をしゃべりたかったんじゃないかと思いますけど、アリのプロモーターであるボブ・アラムがあの試合がどういう試合だったかを、アメリカからの視点でしゃべってくれたのは凄くよかったと思いましたね。

——アリ側が公式に「リアルファイトだった」と明言したことは重要ですよね。

柳澤　「最初はショーファイトになるはずだったのに、リアルファイトになってしまった」と語っていましたよね。「リアルファイトだった」ということも大事ですけど、「ショーをやるはずだった」ということも大事で、それをボブ・アラムが言ってくれたのが凄くよかったと思いますね。

中井　プロレス側だけの話になると、全然違った話になりますもんね。

柳澤　『ワールドプロレスリング』を放送しているテレビ朝日の番組だと、プロレスがエンターテインメントであり、勝敗の決まったフィックストファイトであること自体が出せない。でも猪木さんが普段はエンターテインメントをやっている人間であることと、あの試合がリアルファイトになってしまったというふたつのことを語らないと、なんの意味もないので。

——だからこそ特殊な一戦だという。

柳澤　そうそう。だからこれはNHKでなければできない番組。猪木vsアリがおこなわれた当時、NHKのニュースで磯村尚徳さんが「予定通り引き分けでした」とコメントして、猪木さんと新間寿さんが怒っていましたけど、いまから47年前、半世紀近く前の大人のマスコミがあの試合を観る目線っていうのは「どうせインチキだったんでしょ？　よくわかんないけど」っていうような感じだった。

——良識派やインテリと言われている人たちほど、「どうせインチキ。だってプロレスでしょ？」という認識だったわけですよね。

柳澤　当時のボクのような中高生のプロレスファンは、試合前は興奮していたけど、実際に観れば「つまらない」としか思わなかった。あの試合後、猪木さんはメディアからさんざん非難されて大借金が残ったし、アリも「世界のスーパースターがバカなことをやった」と批判され、お金もたいして儲からなかった。要するに誰にとってもいいことのない試合だったんだけど、あれから50年近く経って、総合格闘技、少なくとも日本の総合格闘技は、あの試合がなければ生まれなかったことはたしかなので、それはやはり「偉大な試合」としか言いようがないとボクは思っています。

中井　猪木vsアリがなかったら世界の総合格闘技もなかったと思いますよ。日本の総合格闘技がなければ、また世界もなかったに近いので。いまのMMAのルーツは日本ですからね。

柳澤　だからブラジリアン柔術も日本の柔術から出たものだし、MMAという発想そのものが日本発だというのが、凄く

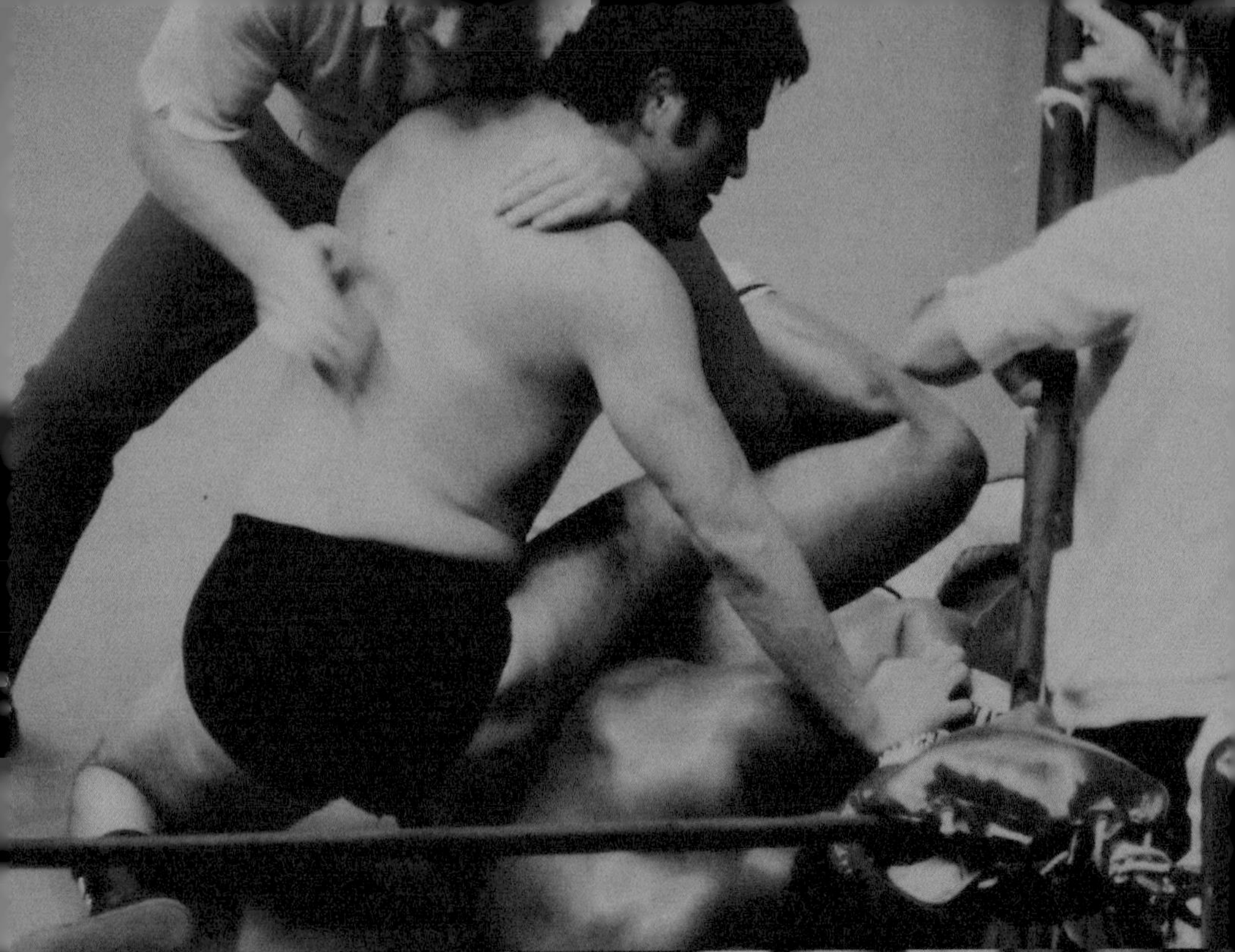

おもしろいところですよね。

「佐山聡が総合格闘技のルールというものを誰よりも早く、誰よりも真剣に考えて、競技に結実させた大功労者なんです」（柳澤）

中井　そう思います。

柳澤　アメリカでは、ＵＦＣ以前の総合格闘技はないも同然なんですよね？

中井　そうですね。いちおう異種格闘技戦みたいなのは若干、ジン・ラベールvsミロ・サベージ（１９６３年）とかあったんですけど、それがいまのＭＭＡにつながっているということはないと思うんですよ。

柳澤　あくまで別競技の選手同士が闘ったというだけで。

中井　そういう意味では特異な現象だと思うんですけど、それが猪木vsアリで〝それ〟が起こったのは、やはり猪木さんから佐山（聡）さんへの流れがあったからだと思うんですよ。

柳澤　よく言われる猪木さんから佐山さんに行って、ＵＷＦが生まれ、それがシューティング＝修斗、ＰＲＩＤＥへ行き着くというのは、ボクら日本のプロレス・格闘技好きからは常識ですけど。じゃあ、アメリカの人たちがＭＭＡというものをどう見ていたかと言えば、ＵＦＣで急に始まったものであり、元を辿ればブルース・リーが着けていたオープンフィンガーグローブを改良して、競技にしたという認識。そのあたりをボクは『２０００年の桜庭和志』できちんと書いたつもりなんですけど、アメリカ人が考える「ＭＭＡの歴史」にアリvs猪木が入ってくるかと言えば、微妙なところ。

中井　入っていないに近いでしょうね。

柳澤　ただ、ボクが感心したのは先日『アナザーストーリーズ』でも出てきたジョシュ・グロス。

――日本でも発売された『アリ対猪木 アメリカから見た世界格闘史の特異点』の著者であるＭＭＡジャーナリストですね。

柳澤　彼がアメリカサイドからアリvs猪木を取材して書いたことは、北米や海外であの試合に関して正確な認識を持ってもらうきっかけのひとつになりうると思う。もちろん、まだその認識が広まっているとは思いませんけど、アメリカの一部の人がＭＭＡの歴史というものを日本の格闘技史込みで考え始めていることはたしかなので、それは凄くありがたいですね。

中井　日本における柳澤さんもそうですよね。ちゃんと書ける人の力によって、正しい認識が広まるということは大事だと思います。

柳澤　『１９７６年のアントニオ猪木』の続篇にあたる『１９８４年のＵＷＦ』では、プロレスというエンターテインメントから、ガチンコの競技が誕生するという、日本の総合格闘技の特異でヘンテコな歴史を書かせていただきました。『1984年のUWF』を書くときに必要不可欠だったのが中井祐樹さん。幼い頃から大のプロレスファンで、「プロレスが真剣勝負である」という認識から格闘技を志し、実際にはそうではなかったと気づくことで失望して、「本物をやるんだ」という考えでシューティングに入り、ジェラルド・ゴルドー戦を始めとする数々の凄まじい試合を経験され、日本の総合格闘技の礎を築かれたからです。心の底から感謝しています。ありがとうございます。

——猪木vsアリを原点として総合格闘技が生まれるには、間違いなく佐山さんの存在が必要であり、佐山さんといまのMMAの歴史をつなぐには、間違いなく中井さんが必要であるという、そういうつながりですよね。

柳澤　はい。佐山さんが総合格闘技のルールというものを誰よりも早く、誰よりも真剣に考えて、シューティング、修斗という競技に結実させた大功労者であるということは、もっと広く知られる必要があると思います。ボクが『1984年のUWF』を書いたときも、「UWFといえば前田日明だろう。どうして佐山なんだ。柳澤は偏向している」と散々叩かれた。でもプロレスを総合格闘技に変えてしまうという発想や努力は佐山さんからしか生まれなかった。猪木さんにはなかった。大きな流れで見ると、ジャイアント馬場というアメリカで大成功したプロレスラーに、アンチとしての猪木さんが自分なりのやり方で対抗したのが猪木vsアリと一連の異種格闘技戦。猪木さんの中に、純粋なルールに基づく総合格闘技をやりたいという発想はなかったと思います。

——いざとなったらガチンコの「勝負」をやるという気概はあっても、常日頃から「競技」をやりたい気持ちはないですよね。

柳澤　そのあたりは、プロレスメディアを見ているだけでは決してわからない。だから、ボクが『アナザーストーリーズ』でNHKに呼ばれたというのは、さっきのジョシュ・グロスじゃないけれど、猪木信者でもプロレス村の住人でもないプレーンな立場から「猪木vsアリって何なの?」ということをしっかりと考えて本にした最初の人間だったからだと思います。

——NHKでやるからには「プロレス発」の視点ではダメということですよね。

柳澤　猪木信者は、リアルファイトに踏み込んだ猪木さんは凄いと言いたい。たしかに凄いけど、でも、レスラーでありながらアリをテイクダウンする技術は持っていなかったことも事実。だからこそスライディングしながら蹴りにいかなきゃいけなかった。もし2000年の桜庭和志がタイムスリップして、1976年のアリと闘ったら、あっという間に低いタックルでテイクダウンして勝ったと思います。猪木さんが凄い、だけじゃ話にならない。「何を持っていなかったか」ということをちゃんと書いてあげないと、あの試合に関しては何も言ったことにならない。ボクは『1976年のアントニオ猪木』を書くために4年かかったわけですけど、猪木さんにタックルがないと気づくまでに3年半かかりました。「アントニオ猪木にはテイクダウンの技術がない」と書かれている資料がひとつもなかったので、自分で映像を観て気づくしかなかったんです。

「〝猪木―アリ状態〟という言葉を最初に言ったのは、たぶん私です。自分が作った言葉による弊害もあるんですけどね」（中井）

――あの時代、リアルファイトの他流試合でどう闘えばいいのか、誰もその答えを持っていなかったんですよね。

中井　「（アリの）パンチが当たったら終わり」だと思っていたと思います。だから絶対にパンチをもらうわけにいかないということで、頭を遠ざけるために寝ざるを得なかったということで、組んでテイクダウンする方法を知らなかったと言うと、当時の新日本の人たちは否定するかもしれないけれど、テイクダウンできなかったのは事実であり、普段はそういうことを必要としていなかったからだと思うんですよ。

柳澤　プロレスにはテイクダウンは必要ないと。

――道場でのスパーリングも膝立ちで組んで始めるので、体系的にテイクダウンは重要視していなかったと思いますね。

中井　それがハッキリしたのが、猪木―アリ状態ですよね。ちょっと話は逸れてしまうんですけど、「猪木―アリ状態」という言葉を最初に言ったのは、たぶん私なんですよ。

柳澤　そうなんですか！

中井　この業界の言葉をいっぱい作ったって言ったらおこがましいんですけど、実際、私が言ったことで定着したものは多いんです。佐山先生がいた頃の修斗の選手は言葉で表現される方が少なかったんですけど。

――佐山さんがスポークスマンで、選手はそれを実践するだけという感じでしたもんね。

中井　でもボクはのちに裏方もやるようになったので、言葉でまわりの理解を得る必要性が出てきた。だから腕ひしぎ十字固めを、シューティングでも「逆十字」というプロレス独特の呼称で呼んでいたんですけど、それを十字固めに言い直したり。プロレス流の呼び名を、もともと柔道やレスリングで呼ばれていた呼称に戻したりという作業をしたのが私なんです。

柳澤　中井先生はインテリだから、プロレスと修斗を区別するためにはプロレス流の呼称からやめないとダメだとわかっていて、言葉を作ることから始めたというのは凄い話ですね。

中井　自分が作った言葉による弊害もあるんですけどね。たとえば、グラウンドに上になっている選手をガードポジションでふたたび捕らえることを「ガードに戻す」とか、セコンドが「ガードに戻せ！」とかいまでも普通に言っていて、これを言い始めたのは自分なんですけど。「ガードに戻す」という言葉のせいで、ガードポジションになっただけで安心する人をたくさん作っちゃったなと思うんですよ。そこからいかに攻めに転じるかが大事なのに。だから本来は「ガードにハメる」とか「ガードに捕まえる」と言ったほうがよかったな、という反省があったりします。

柳澤　なるほど。「ガードに戻す」という言葉が、ガードポジションから攻める姿勢を削いでしまったのではないかと。深いなあ。

——「猪木―アリ状態」というのは、ゴルドー戦のときのご自身の状態を言った言葉なんですか？

中井　おそらく、それを説明するときに言ったんじゃないかと思うんですけど。でも、あの言葉を最初に言ったのは間違いなく自分ですね。

柳澤　凄い話だな。神取忍の「心を折る」みたいですね。

——でも実際、黎明期のバーリ・トゥード（総合格闘技）で片方が立っていて片方が寝ているという状態を「猪木―アリ状態」と名づけたことで、「リアルファイト」になると、猪木がやったような戦法が有効なんだ」と、ファンも理解するようになりましたよね。猪木の闘い方は理にかなっていたんだ、という。

中井　そうですね。殴ってくる相手に殴らせない状況を作る。そして向こうが不用意に向かってくれば、足を絡めて上下入れ替えすることもできるんで。だからアリ戦でも、猪木さんが何ラウンドかにスイープしているんですよ。あれはボクからすると、もっとも興奮する場面なんです。

柳澤　下からかかとを引っかけて逆に上になっていましたね。

リアルファイトの総合格闘技の試合で頻出する片方が立って、片方が寝る場面を「猪木―アリ状態」と名づけることで、猪木vsアリこそが総合格闘技の原点なんだというイメージが形作られた。名前をつけるのは、もの凄く大事なことだと思います。佐山さんもかなり技名を作っているんですよね？

――第1次UWFから知られるようになった技は、だいたい佐山さん命名ですよね。

中井　UWFはもともと道場では使われていた技を表に出したわけじゃないですか。でも、それまでと同じ名前だと地味に見えるので、「新しいものが始まっているんだ」と見せるために、たとえば「チキンウイングフェイスロック」とか名づけたんですよね。

――「チキンウイングアームロック」ならフィニッシュになるけど、「腕がらみ」じゃならないというか。ハーフボストンクラブ＝片逆エビ固めのことを「ジャパニーズ・レッグクラッチ」とか呼んでましたからね（笑）。

中井　だからネーミングの天才ですよ。V1アームロックはいま、海外では「アメリカーナ」と呼ばれていますけど、日本だといまだに佐山先生が名づけた「V1アームロック」で通じますからね。

「中井先生がUWFのレスラーたちを総合格闘技を作ってきた大きな歴史の仲間に入れてあげたことで、UWFファンも凄く救われたと思う」（柳澤）

――ボクはWOWOWのUFC解説のとき、あえて「V1アームロック」と言ってますよ。日本の放送なので、日本格闘技界の歴史に敬意を表して（笑）。

柳澤　チキンウィングフェイスロックがスーパー・タイガーの必殺技というところも天才ですよね。

中井　あの技も、もともと使っている人はいたわけですよね。「変形スリーパーホールド」とか呼ばれていたものを「チキンウィングフェイスロック」と名づけたことで、まったく新しいものに見えてくるんです。

――またチキンウィングフェイスロックは、かけている側と、かけられて苦しんでいる側両方の顔が見えるんですよね。その表情に観客は惹きつけられる。猪木さんのコブラツイストと仕組みは一緒という。

中井　でも佐山先生にかかると、新しいプロレスに見えるわけですよね。

柳澤　だから佐山さんは運動神経が素晴らしいだけでなく、プロレスの仕組みを一瞬で理解し活用できる天才ですよ。そんな真の天才プロレスラーが、儲からない総合格闘技をイチから私財を投じて始めるという異常な状況が、ほかの人にはまったく理解できなかった。

——いま世界中に広まっている「MMA」というものを佐山さんは真っ先に思いついてしまったので、プロレスよりもそっちの新たな発明に夢中になったということですね。

柳澤　総合格闘技の体系は、佐山さんが考えるまで誰の頭の中にもなかったんだから、これを天才と呼ばずしてなんと呼ぶか。

——中井さんが言われたように、アメリカでレスラーvsボクサーっていう試合形式はあっても、それはあくまで別競技の選手同士が闘うというだけで、すべての攻撃が許される共通ルールを作ろうとする人なんかいなかったわけですもんね。

柳澤　「競技としてのMMAを作ったのは佐山聡」という歴史的事実は、残念ながら広く知られているとは言えません。『1984年のUWF』の筆者としては残念ですけど。

中井　その認識が広まるまで、あと何年かかるかわからないですけど、いろんな場面で言い続けなければいけないですね。できるだけ正確なことを。

——時系列で言うと、猪木vsアリが1976年6月26日じゃないですか。佐山さんがプロレスラーとしてデビューしたのって、同じ年の5月28日、猪木vsアリの丸1カ月前なんですよ。だから佐山さんがプロレスラーになって、最初に観た猪木さんのビッグマッチがモハメド・アリ戦。それは巨大な影響を受けますよね。

柳澤　歴史が動くときはそういうもの。あり得ないような偶然がそこに存在する。そのタイミングでプロレスラーになったというのは、佐山聡にとって幸運としか言いようがない。新人時代の佐山聡が猪木vsアリから何かを感じ取り、天才にして本質主義者の頭の中で、誰も見たことがない格闘技が形成されていく。そうして生まれたのがシューティングであり、のちの修斗であり、すなわち総合格闘技。それを丹念に書いていった『1984年のUWF』が、どうしてあんなに悪口を言われなきゃいけないのか、ボクにはまったく理解できません（笑）。

中井　あの本が出たとき、ボクに対する文句や悪口はなかったですよ。

——中井さんは『1984年のUWF』の重要な登場人物のひとりですけど、格闘技界や修斗界隈からの批判的な声などはなかったと。

中井　ボクには誰も言ってこなかったです。

柳澤　それは言えないよね（笑）。

中井　だから私がUWFに接近することで、修斗側からU系への恨みつらみは終わったことにしたほうがいいなと思ったんですよ。その後、藤原喜明さんと対談させていただいたり、古希のトークイベントに出させていただいたり、旧UWFの方々と一緒の写真に収まったというのもあるし。
柳澤　中井先生は前田さんや髙田（延彦）さんと一緒に仕事をされていますよね。中井先生がUWFのレスラーたちを総合格闘技を作ってきた大きな歴史の仲間に入れてあげたことで、UWFファンも凄く救われたと思います。
中井　前田さんとも髙田さんとも普通に仕事をしているし、藤原さん、鈴木みのるさんともやっている。だからいちおう私もU系だと思っているんですよ（笑）。こうやって言うと怒る人がいるし、炎上覚悟なんですけど。「私こそU系」っていう思いは持っています。
柳澤　佐山聡の弟子なんですからU系です。本流と言ってもいい。

「観客論としての総合格闘技はまだまだ派手なものが求められる風潮があるが、アマチュア競技としての普及は昔よりもずっと進んでいる」（中井）

――興行論と競技の両輪がなければプロ格闘技の世界は生まれなかったわけだから、修斗を含めた〝U系〟によって現在の日本の総合格闘技は形成されたと言っていいですよね。
中井　そうですね。その原点にはやっぱり猪木vsアリがあったんだなって感じはします。
柳澤　だから日本の総合格闘技の源流に猪木vsアリがあり、つまりプロレスがあったことはなんら恥じることじゃない。立ち技の格闘技に目を向けても、沢村忠の活躍があったからこそキックボクシングというジャンルが大きくなり、のちに那須川天心なんかが出てくる土壌を作ったわけだから。ただ、プロレスをルーツに持つ宿命なのか、猪木vsアリの呪縛なのか、MMAはこれだけ世界中に競技として広まりながら、いまだに日本の総合格闘技界は朝倉未来vsフロイド・メイウェ

ザーが最大のビッグマッチだったりするわけじゃないですか。２０００年代には世界一の総合格闘技先進国だった日本が、競技としての人気定着がなかなか進まない現状がある。

中井　初期『バーリ・トゥード・ジャパン』もプロレスラーをエントリーさせないと興行的に苦しかったり、修斗の大箱興行もプロレスラーをフィーチャーしなければいけなかった歴史もありますからね。だから観客論としての総合格闘技は、まだまだ派手なものが求められる風潮はあるんですけど、アマチュア競技としての普及は昔よりもずっと進んでいるので、そこからＵＦＣのチャンピオンになるような若い才能が現れることによって、ＭＭＡという競技自体のおもしろさも広がっていくんじゃないかと感じていますけどね。まだまだ道半ばではありますが。

——スポーツって、新たなスターの誕生でガラリと変わりますもんね。

柳澤　ボクシングも強い選手が出てこなくて人気が低迷した時期もあったけど、ある時期から長谷川穂積や山中慎介といった強い選手がグーンと現れてきて、ついには井上尚弥というモンスターまで生み出してしまった。ほかにもＭＬＢの大谷翔平とかサッカーの三笘薫とかゴルフの松山英樹とか、本当に世界のトップで通用する日本人アスリートが次々と生まれてくる時代って、いまだかつてなかったと思うんですよ。日本人がＵＦＣのチャンピオンを生み出すのはこれからじゃないでしょうか。

中井　そうですね。まさにそれがボクらの課題というか、本当にいま日本はスポーツ大国だと思います。東京オリンピックの結果を見てもわかりますけど、歴史上もっとも優れた選手がいま揃っている。そのわりには国民の平均的体力は戦後最低らしいんです。そこがボクら指導者にとってはもうひとつの闘いなんですけどね。だから昔のスパルタではなくても、ある程度愛情とお金と深い見識で支えていけば、凄い選手を作っていけると思うので。いま柔術では私の生徒が世界を獲ったので、あとはＵＦＣで平良達郎がいくのか、鶴屋怜がいくのかわからないですけど、世界の頂まで行ってもらいたいですね。

——平良選手や鶴屋選手といったネイティブＭＭＡ世代が出てきたことで、たぶん日本のＭＭＡは変わっていきますよね。少年時代からＭＭＡで勝つことを考えて練習している人たちなので。

中井　レスリングをやるにしても、最初からＭＭＡを観ていた人たちがやる時代になってきています。

柳澤　ＵＦＣで圧倒的に勝つ日本人ファイターが生まれてくれば、ＭＭＡの人気はかならず盛り上がります。日本はシューティング＝修斗という競技としての総合格闘技を世界に先駆けて生みだしたけれども、興行としての人気はＰＲＩＤＥのようなプロレスの影響を大きく受けたものが持っていった。結局のところ、日本人が好きなのは猪木vsアリのような異種格闘技戦であって、総合格闘技が好きなわけじゃない。競技スポーツとしての理解が広まらなかったのは、猪木vsアリの呪縛が、日本におけるMMA普及を妨げた部分はあると思います。でもNHKで放送されたりと、猪木vsアリがきちんと評価され、総合格闘技の前段階としての異種格闘技戦として位置づけされることによって、歴史の1ページになった。異種格闘技技戦にもPRIDEにもまったく影響を受けていない選手たちの中から、突き抜けた選手が出てくるんじゃないか。大谷翔平の二刀流は、古い世代の人たちからは最初は散々否定されたけれど、MLBで結果を出すことですべて「こっちが正しい」という認識になった。同じようなことが格闘技界でも起きると思います。

——たしかに野球もイチローぐらいまでは王・長嶋の影がありましたよね。

柳澤　そうそう。でも大谷翔平にはまったくないでしょ？　ようやく昭和を払拭する才能が現れたということ。猪木vsアリは王・長嶋みたいなもので、「王・長嶋の頃はよかったよね。昔の巨人戦中継は毎日視聴率20パーセント以上いってたんだよ。それに比べていまは視聴率も下がった。昔はよかった」っていう老人の繰り言みたいなものがプロ野球にはずっとあった。同様にプロレスでも「猪木さんの時代は20パーセントの視聴率があってよかった。その頃にプロレスも戻すべきだ」っていうのは、王・長嶋の時代に戻れっていうようなものでしょう。

——日本のプロレスって、じつは総合格闘技よりいち早く猪木vsアリの呪縛から逃れて、いまはインターナショナルになってる気がするんですよ。

中井　脱・猪木にプロレスのほうが成功していると。

柳澤　棚橋弘至は偉大ですね。

「世界的にも猪木vsアリが正当に評価されるようになってきて、MMAの正しい歴史をみんなが理解できる環境が整ってきた」（柳澤）

——でもMMAは、PRIDEという猪木さんの影響を受けたイベントから、まだそんなに時間が経っていないので、そこを払拭しきれていない気がします。

柳澤　日本のプロレスは80年代に全盛期を迎えたけど、日本の総合格闘技は2000年代に全盛期を迎えたから、20年遅れているんですよね。そのPRIDEの呪縛がいまのRIZINまで続いちゃって、それが日本のMMAの進化の足を引っ張っていると言えなくもない。

中井　普通、トップアスリートは世界の頂点を目指すものですけど、いまの日本だとＲＩＺＩＮに出たほうがＵＦＣに出るよりも国内で名前が売れるからいいっていう現状がありますね。凄くドメスティックな価値観で、マラソンでオリンピックに出るより、箱根駅伝に出るほうがいいっていうようなことが起きている。

柳澤　選手育成という面で、中井先生たち日本の総合格闘技指導者は大きなハンデを背負っていた。猪木vsアリの呪縛と言えるかもしれません。でも歴史や過去を否定する必要はないと中井先生がおっしゃったのは本当に素晴らしいと思いました。いま日本はあらゆる競技で結果を出していて、すでに柔術のチャンピオンも出たわけですから、ＭＭＡでもこれから世界に通用する選手がどんどん出てくるでしょう。

中井　始まりましたよ、いろいろ。

――猪木vsアリの正当な評価が固まったことで、逆にこれから猪木vsアリの呪縛も払拭できる気がします。

柳澤　そうだと思います。ＮＨＫはこれまで猪木vsアリを「プロレスの一種でしょ」と思っていたし、テレビ朝日に代表されるプロレス側は「猪木さんは強かった」ということから一歩も抜け出せなかった。「アントニオ猪木はエンターテインメントのプロレスラー。でも、あの試合はリアルファイトになってしまった」と今回ＮＨＫが『アナザーストーリーズ』で明らかにしたことで、ようやくそれが普通の認識になった。ボクが２００７年に『１９７６年のアントニオ猪木』を出したときはけっこう悪口も言われましたけど、２０２３年になってようやく、それがごく当たり前の認識になったということです。

中井　そうですね。

――それは猪木さんの名誉回復であると同時に、プロレスが真剣勝負の呪縛から解き放たれて、プロレスとしてさらに発展していくきっかけになると思うんですよ。またアリ側にとっても、ＭＭＡやＵＦＣがこれだけ世界に普及したことで、猪木戦というミックスドファイトを肯定できるようになりましたよね。

柳澤　アリの周囲の人間にとって猪木戦は黒歴史。アリの伝記を読んでも、猪木戦にはほんのちょっとしか触れられていないし、アリが金のためにくだらない試合をしたとしか書かれていない。だけどＵＦＣ人気が広まってからは、晩年のアリがデイナ・ホワイトに対してツイッターで「俺がＭＭＡの元祖だぞ」ってリプライを送ったわけでしょ？

――そうですね。猪木vsアリの写真を載せて、「キミはどう思う？　モハメド・アリこそが元祖ＭＭＡファイターじゃないか？」って送ったんですよね。

中井　これはＭＭＡにとっても凄いことですよ。あのアリが自らＭＭＡの元祖を名乗ったわけですから。

柳澤　だってアリは世界のアスリートの中で史上最高ですよ。ペレだろうが、クリスチアーノ・ロナウドだろうが、ジャック・ニクラウスだろうが、アリとは比べられない。

――だからデイナ・ホワイトも「あなたこそ元祖です、モハメド・アリ。格闘技が今日あるのもあなたがいたからこそ。これまでで最高のツイートをいただいたことを光栄に思います」って返していましたね（笑）。

柳澤　デイナ・ホワイトもアリと猪木の試合の影響を否定することはできなかった。それはアリの力ではあるけれども、世界的にも猪木vsアリが正当に評価されるようになってきた。MMAの正しい歴史をみんなが理解できる環境が整ってきた。そのひとつの表れが『アナザーストーリーズ』の猪木vsアリ特集だったのかなっていう気がしますね。

中井　そうですね。感慨深いですね。

柳澤　ボクなんかむちゃくちゃ感慨深い（笑）。

「選手を強くして世界チャンピオンを生み出すことと、佐山先生からの歴史を正しく伝え広めることを同時進行でやっていきたい」（中井）

――猪木vsアリの再評価が、猪木さんの存命中に間に合ってよかったですね。

柳澤　そうですね。NHKは猪木さんが生前番組に出たときにも、過去にアリ戦を貶めるような報じ方をしたことに対して「ごめんなさい」と謝っているんですよ。そのシーンは猪木さんの追悼番組でもあらためて放送されましたけど、やはり猪木さんがゲストで出ると、猪木さんがショーレスラーだったことは言いにくいので、猪木vsアリの真の価値を報じることができなかった。「普段はショーをやっている猪木さんが、現役ボクシング世界チャンピオンとリアルファイトをやった」という1行を言うことが重要なんですよ。それがないとすべてが歪んでしまう。「猪木さんは強かった」というだけではアリ戦を語ったことにならない。「猪木さんがショーをやっていた」ということと「猪木さんは強い」ということはまったく別のことだし、両立すること。それがようやくわかってもらえるようになったと思います。

中井　物事はわかってもらうまでは時間がかかるんですね。

――結局、猪木vsアリが正当な評価を受けるのも50年近くかかっちゃったという。

柳澤　正当に評価されるのには時間がかかるというのは、佐山聡に関しても言えること。佐山聡という人がUWF信者からあれほどまでに非難される理由は何もないわけじゃないですか？　佐山さんがやろうとしたことや、佐山さんの偉大さを理解できる人があまりにも少ないと思います。

中井　佐山先生がやったことの凄さや、佐山先生がMMAの形として思い描いていたことが、本当に広く知られるのには、もう少し時間がかかるかなという気はしますね。ボクは選手を強くして総合格闘技で世界チャンピオンを生み出すことと、佐山先生からの歴史を正しく伝え広めることを同時進行でやっていきたい。どちらもまだもうちょっと時間はかかるでしょうけど、かならずやっていこうと思っています。

――UFCのホール・オブ・フェイムに佐山聡が入らないのはおかしいと思いますよ。

柳澤　入ってほしい。MMAの歴史の一部なんですから。

――修斗の創始者としてだけでも十分資格はあると思います。

柳澤　佐山聡のような人を殿堂入りさせるのは、UFCにとっても凄く大事なこと。エリオ・グレイシーだって入るべきだし、さっきのツイッターの話じゃないけど、モハメド・アリだって入るべきだと思う。

――UFCは試合も殿堂入りするんで、猪木vsアリが殿堂入りしてもいいと思いますよ。

柳澤　そうやって歴史を正当に評価していってほしいですよ。

中井　そういうことって凄く時間がかかりますけど、時間をかけてもやり続ける必要があるんですよね。

柳澤　嘉納治五郎が八田一朗に「レスリングの普及には50年かかるよ」って言ったとき、八田さんは「だったら50年かけてやります」と言った話がありますけど、物事が本当に動くためにはそれぐらい時間がかかるんでしょうね。でもNHKで猪木vsアリを正当に評価する番組をやってくれたことは、物事が流れていくひとつの兆しだと本当に思います。だから中井先生にも、時間はかかるでしょうけど、日本の格闘技を強くして、日本の格闘技の歴史が正当な評価がされる時代を作ってくださることを期待していますよ。

中井　それは本当にやっていきますよ。がんばります。

柳澤　期待しています！

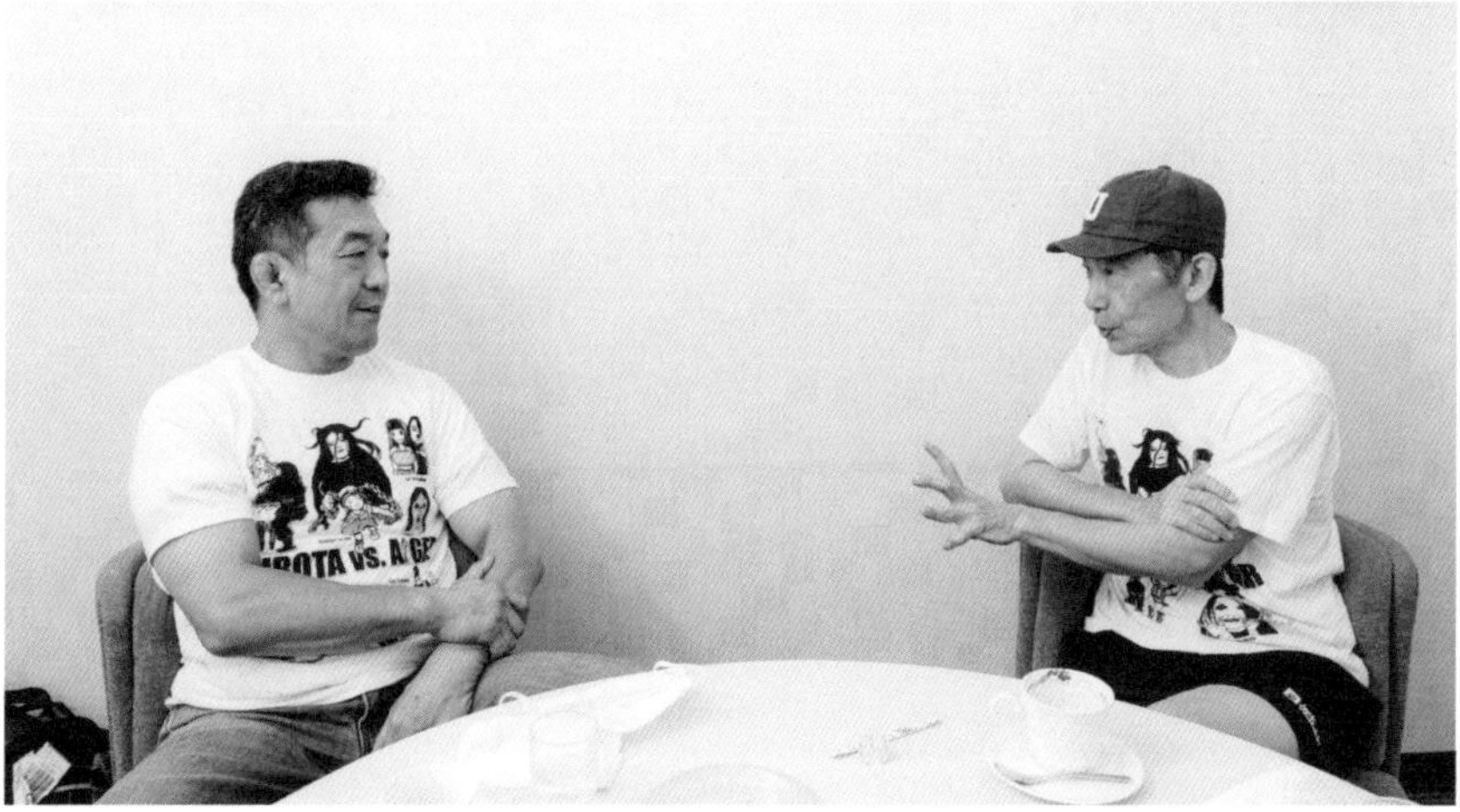

中井祐樹（なかい・ゆうき）
1970年8月18日生まれ、北海道浜益郡浜益村（現・石狩市）出身。パラエストラ主宰。日本ブラジリアン柔術連盟会長。元プロ修斗ウェルター級王者。高校時代からレスリングを学び、北海道大学柔道部で高専柔道の流れを汲む七帝柔道を学ぶ。大学4年時に寝技中心の七帝戦で無敵の10連覇中だった京都大学を下して団体優勝を果たす。その後、プロ修斗（当時・プロシューティング）へ参戦するため上京して、スーパータイガージム横浜へ入門する。1994年11月7日、修斗ウェルター級王座決定戦で草柳和宏に判定勝ちを収め王座獲得に成功。1995年4月20日、『VALE TUDO JAPAN OPEN 1995』に参戦して1回戦でジェラルド・ゴルドーにヒールホールドで一本勝ち（この試合中にゴルドーのサミングを受けて右目を失明する）。決勝戦ではヒクソン・グレイシーと対戦して1ラウンドにスリーパーホールドで一本負けを喫する。右目失明のため総合格闘技を引退し、ブラジリアン柔術に専念するようになる。1997年に格闘技道場パラエストラ東京を設立。後進の育成や格闘技の発展のために日々尽力している。

柳澤健（やなぎさわ・たけし）
1960年3月25日生まれ、東京都都出身。ライター。ノンフィクション作家。
慶應義塾大学法学部に在学中より漫画専門誌『ぱふ』の編集者となる。その後、メーカー勤務を経て文藝春秋に入社。『週刊文春』『Number』の編集部で活動する。2003年に同社を退社してフリーとなる。著書は『1976年のアントニオ猪木』『1993年の女子プロレス』『1985年のクラッシュ・ギャルズ』『日本レスリングの物語』『1964年のジャイアント馬場』『1984年のUWF』『2000年の桜庭和志』『2016年の週刊文春』など。『日本レスリングの物語』では2009年度ミズノスポーツライター賞優秀賞を受賞した。

鈴木みのるのふたり言

第120回

高3から“やる側”

構成・堀江ガンツ

——6月25日にカナダ・トロントで開催された新日本プロレスとAEWの合同興行『禁断の扉』、ボクもPPV購入させてもらいましたよ。

鈴木 へぇー、お買い上げしたんだ。

——武藤さんの引退興行のPPVを購入した鈴木さんを見習い、プロレスにお金を落とさせていただきました（笑）。いやー、めちゃくちゃ盛り上がっていましたね。

鈴木 盛り上がってたね。前日にはAEW単独の興行があって2連戦だったんだけど、チケットも早々に完売したって言ってたからね。会場は凄いデカいんだよ。

——実数で1万2000人って聞いたので、両国国技館よりデカいくらいですよね？

鈴木 全然デカい。

——横浜アリーナクラスですか？

鈴木 そうだね。

——またカナダのお客さんが、鈴木さんや新日本の選手をよく知っているなって思いました。

鈴木 「禁断の」と言いながら、俺なんかはちょいちょいAEWにも行ってるんで、あまり「禁断」って感じもないんだけどさ。

——今回はクリス・ジェリコと初タッグを結成して。

鈴木 初タッグじゃなくない？

——間違えました。スティングと初対決ですね。

鈴木 そうだね。

——日本のファンにとっても異次元カードということで（鈴木みのる&クリス・ジェリコ&サミー・ゲバラvsスティング&ダービー・アリン&内藤哲也）。

鈴木 スティングの記憶はなんとなくあるんだよ。顔にペイントをして髪の毛を短くしていて。

――それ、90年代初頭までのWCWベビーフェイス時代じゃないですか。

鈴木　その頃のイメージがなんとなくあるんだけど、どんな実績がある人なのか知らないんだよ。UWF、藤原組、パンクラスの頃はアメリカのプロレスにまったく興味がなかったから。だから今回会ったとき、「コンニチワ!」って言われても「おう、こんにちは。なんだ、このジジイ?」としか思わなかったんだよ(笑)。でも、そういうのがいいのかもしれないね。

――ビッグネームをリスペクトしすぎて、気おくれしたりしないと。

鈴木　それはジェリコに対しても一緒だよね。

――ジェリコはまったく別のところで活躍していた同時代人ではありますけど、スティングは初来日が1989年6月なので、鈴木さんが新日本からUWFに移籍したばかりの頃ですよ。

鈴木　じゃあ、まったく見てないよ。それどころじゃないもん。目の前には前田日明という強大な敵がいたんだから(笑)。

――それは他団体や、ましてや海外には目が向かないですよね(笑)。

鈴木　まったく目が向かなかったね。毎日の練習も必死にやるしかなかったもん。ジェリコはそれこそ「ライオン道」とか、プロレス雑誌に載っていた文字としての記憶があるだけで、実際に試合は観たことなかった。

――パンクラスが始まった頃、天龍さんのWARにレギュラー参戦し始めた選手ですからね。

鈴木　WWEがザ・ロックがいた時代に日本に来て横浜アリーナでやったとき、初めてジェリコの試合を観たんじゃないかな?あのときウチの姉ちゃんの息子が「WWEを観に行きたい」んだけど、チケットが買えない」って言うから、パンクラスの営業にチケットを押さえてもらって、普通に購入して甥っ子とふたりで観に行ったんだよ。俺はザ・ロックも名前くらいしか知らなくて、ジェリコもそうだったんだけど、リングサイドに俺がまだ知り合う前の高山善廣がいて、ジェリコと高山が睨み合いとかしてて「なにやってんだろ?」って思いながら観てたんだよ。

――あのときは武藤さんが放送席のゲスト解説で、高山さんは最前列で観ていたんだったかな?

鈴木　当時の俺には別の世界の話だったんで、WWEとの接点はそのくらいだね。逆にWWFはあるよ。

――もっと昔のWWF時代はありますか?

鈴木　藤原組とSWSの対抗戦のとき、WWFもいたじゃん。

――ああ、SWSの東京ドームや神戸ワールド記念ホールのバックステージの話ですね(笑)。

鈴木　そうそう。「あっ、ハルク・ホーガンだ!」みたいな(笑)。でもアメリカンプロレスへの憧れはまったくなかったね。そっちがないからこそ格闘技のほうに行ったわけだから。なのでスティングとやっても、何が異次元対決なのかわからないんだよ。ただ、客にはウケてるから「これはきっといい画なんだろうな」と思うだけでね。

――睨み合っているだけで見せ場になるというか。そこにジェリコが「スティングの相手は俺にやらせてくれ!」って割って入るという(笑)。

鈴木　もう『ファイプロ』とかプロレスゲームの世界だよね。格闘技系の選手をエディットで作って、アメリプロの選手とやらせてっていう。まあ、長いことやってたらいろんなことがあっておもしろいよ。あの年代のアメリカのレスラーで、ほかにも「俺、おまえと試合したい」って言ってくるヤツが何人かいて、そういうのともいつかチャンスがあればやるんじゃないかと思うんだけど。

――それはAEWの選手だけでなく。

鈴木　要はちょっと昔の選手とか。たとえば会うたびにいつも挨拶してくれて、毎回言ってくるのがダスティン・ローデス。

――ゴールダストですね。

鈴木　あの人は凄く丁寧に言ってくるよ。「どうしてもおまえとやりたい。俺の夢なんだ」って。

――コーディの兄ですよね。

鈴木　母親は違うらしいけどね。ダスティンはお父さんと顔がそっくりだよ。まあ、ありがたいことだよね。それとAEWにもいろんな選手がいるから誰とでもやるよ。俺はハタチくらいのときから「俺が世界最強で、俺が世界で最高」って勘違いを35年間してるんで。だからどんなところに行っても「ほら、俺のほうがすげえだろ！」くらいにしか思わないっていう（笑）。

――それこそメインイベントでオカダ・カズチカ選手を破った、ブライアン・ダニエルソンに対してもそうだったわけですよね。

鈴木　アイツは若手のときに知ってるんだよ。

――ノアに来たときでしたっけ？

鈴木　ノアじゃないよ。その前にアメリカン・ドラゴンの名前で新日本にいたじゃん。20年くらい前にあった初期のロス道場のメンバーのうちのひとりだね。あの当時、ロス道場には凄いのがいっぱいいたんだよ。アメリカン・ドラゴン、ロッキー・ロメロ、カール・アンダーソン、サモア・ジョー、あとカレーマン（クリストファー・ダニエルズ）もそこから来てるはずだよ。

――そうそうたるメンバーですね。

鈴木　あとはTJP。アイツ、ピノイボーイだもんね。会ったときに「スズキ～！　会いたかった！」って言われて「うん？」って言ったら、「TJP！　TJP！」って言われたんだけど全然憶えてなくて。そうしたら「オウ、ソーリー！　アイ・アム・ピノイボーイ！」って言うから「あー、ピノイボーイ！」って（笑）。あのとき彼は18、19だったはずだよ。いまはもう40近くでしょ。懐かしいなと思ってさ。ブライアン・ダニエルソンはそんなメンバーのうちのひとりだから。

――鈴木さんが、ちょうどプロレスに戻ってきた頃からの旧知の間柄なんですね。

鈴木　で、そのあとノアにも行って活躍してるのはちらっと雑誌で見るくらい。そこからROHでチャンピオンになったのを雑誌で見て「へえー、アイツも偉くなったな」と思っていたらWWEに行って大ブレイクしたんだよ。でも久々に会ったらあのときのまんまだったね。「あっ、コイツ、全然変わってねえな」って思ったよ。

――ダニエルソンはグラウンドで勝負するタイプじゃないですか。

鈴木　そうだっけ？

――そうですよ。オカダ・カズチカもギブアップ負けですから。

鈴木　へえー。試合観てないんで（笑）。

――だからきっと、鈴木さんとの試合の話もまた出てくるんじゃないかと思って。

鈴木　でも2年くらい前にやってるからね。AEWでYouTubeの新番組が始まるっていうので、そのオープニング1発目のサプライズで俺とブライアンがやったんだよ。しかもオファーは2日前（笑）。

――そんな直前だったんですか（笑）。

鈴木　あのときちょうどアメリカに滞在してて、向こうに住んでる坂井澄江と彼女の旦那と一緒に釣り船屋を検索してたんだよ。1週間くらいの休みがあるから釣りに行こうって話になって。そうしたら携帯に電話がかかってきて「あさって、こういうのがマイアミであるんだけど、明日こっちに来れるか？」って聞かれて「イエス」と。もう即答だよ。「ごめん！　やっぱ釣りはなし！」って。それで行っちゃったんだよ。

――それでサプライズが実現したんですね。向こうのファンも「無料でこのカードが観られるのか！」って驚いたという。

鈴木　俺がアメリカで、超大物からインディーの誰も知らないヤツまで誰とでもできるっていうのは、俺がプロレスファンじゃないっていうのが大きいと思うんだよね。みんな同業者でしかないんだよ。ほかの選手が「うわー、有名な○○だよー！」って、興奮してる横で俺は「誰だコイツ？」って感じだから。会場のケータリングでDOUKIなんかと一緒にメシ食ってると、DOUKIなんか目がずっと泳いでるから（笑）。

――自分がファン時代の大物がまわりにたくさんいて（笑）。

鈴木　俺にはそういうのがまったくないんで。そもそもアメリカに行っても、俺よりキャリアが上の選手はほとんどいないんで。

――それこそスティングくらいですよね。ジェリコよりもキャリアは上だし。

鈴木　逆に日本だと、この前スタン・ハンセンが来ていて、子どもの頃から観ていたレスラーだからうれしくて、「オー、スタン・ハンセーン！」って言ったら、ハンセンも俺のことを憶えてくれてて「おまえはいつも元気だな」って（笑）。俺がファンとして観ていたレスラーってハンセンとかそれくらいの世代だもん。俺も中学までは熱狂的なプロレスファンだったけど、プロレスラーになろうと思ったときからすぐ「やる側」に切り替えちゃったからね。

――世界的にも珍しいかもしれないですね。いま第一線でやっているレスラーで、90年代や2000年代にファンだった時代がない選手って。クリス・ジェリコがファンだったのは80年代だったかな？

鈴木　ジェリコはあんな顔してて俺よりも3つ歳下なんだよ（笑）。まあ、そこがまわりの選手と俺の感覚がちょっと違うところかもしれないね。俺がファンだったのは80年代前半だから。中学3年の春、横浜から始発電車にひとりで乗って、日本橋の高島屋でやっていた第1回IWGP開催記念のアントニオ猪木サイン会に並んだんだから。もの凄い人で、1500人くらい並んでいるなか、俺は70何番だったな（笑）。

――かなり気合いが入ったファンですね（笑）。

鈴木　それで並んでサインをもらって、「やったー！　猪木のサインだー！」ってよろこんで家に帰ったのを憶えてるけど、俺が新日本に入る高校3年のときにそれを破って捨てたもんね。それまでは自分の宝物みたいだったけど、「アントニオ猪木はこれから俺が倒す人間だから、倒す人間のサインなんかいらない」って言ってビリビリ～って破ったから。ほかにもプロレスを観に行ったときに買ったパンフレットとかプロレス雑誌も全部捨てた。そこでファンの気持ちをすべて断ち切ったんだよね。俺がファンあがりのレスラーと根本的に違うのは、そこなんだろうなって思うね。

プロレスがわかれば世の中が、
そして世界が見えてくる。

斎藤文彦×プチ鹿島

プロレス社会学のススメ

活字と映像の隙間から考察する

司会・構成：堀江ガンツ　撮影：タイコウクニヨシ

第42回

ＡＷＡの実像

ＡＷＡ（アメリカン・レスリング・アソシエーション）。その名は古くからのプロレスファンなら誰もが知る、かつてアメリカに存在したプロレス団体だ。

「かのバーン・ガニアが設立した団体」、「ＮＷＡ、ＷＷＦと並ぶ世界三大タイトル」、「世界最高峰ＮＷＡに次ぐ第二の団体」、「全日本プロレスとの強固な関係」、「ニック・ボックウィンクルによる消化不良の王座防衛」、「ジャンボ鶴田、マサ斎藤らのＡＷＡ世界王座奪取」――。

ＡＷＡと聞いて、日本のプロレスファンが思い描くイメージはさまざまだろうが、果たして本当に知ってるつもり!?

今回も必読の内容でお届けします。

「バーン・ガニアはアスリートとしての実績もズバ抜けていて、レスリングでオリンピック代表、アメフトでもＮＦＬシカゴ・ベアーズのドラフトにかかった」（斎藤）

――今回のテーマも「知ってるつもり!?」シリーズでいこうと思うんですよ。

鹿島　いいですね〜。前回の「知ってるつもり!?　ビリー・グラハム」が大好評だったじゃないですか。マニアでも知っているつもりなことがいかに多いかっていうことをフミさんに教えていただいて、毎回勉強になるので、このシリーズはどんどんやっていきましょう！

――それで今回は「知ってるつもり!?　ＡＷＡ」というテーマでいこうかなと。ＡＷＡといえば、ＮＷＡ、ＷＷＦと並ぶ「世界三大タイトル」っていうのは、ボクらが子どもの頃は『プロレス入門』とかで最初に学ぶことでしたよね。

鹿島　一度もテストに出たことはないけれど、率先して覚えましたね（笑）。

――これまで、この連載では「ＮＷＡとは

なんなのか」という話や、WWEの歴史なんかはさんざんやってきましたけど、AWAっていうのは知っているようで詳しく知らない「知ってるつもり!?」案件なんじゃないかなと。

鹿島　子どもの頃からのなんとなくのイメージだと、〝世界最高峰〟NWAに次ぐ第二のポジションで、あとはベルトがデカくてカッコいいっていう。

斎藤　あの大きなAWAのチャンピオンベルトは、ニック・ボックウィンクルの代からなんですね。その前は「ガニアベルト」と呼ばれる鉄板みたいな定番のベルトがあったのですが、盗難に遭ったらしいのです。

鹿島　70年代前半とかはそうだったんですね。ボクら世代だと1984年のジャンボ鶴田のAWA世界王座奪取の印象が強いです。

斎藤　ジャンボ鶴田のAWA世界王座奪取は、それまでの全日本のPWFや新日本のNWFみたいな〝日本定住型〟のベルトじゃなくて、アメリカで認定されているメジャータイトルを第三者の乱入とか反則裁定とかそういうエクスキューズもなく、リング上でしっかりとジャンボさんがニックさんから3カウントを獲って王座獲得。しかも、チャンピオンになったジャンボさんが、アメリカ本土へ長期の防衛戦の旅に出たというのが画期的なことでした。

――そこが馬場さんのNWA世界王座奪取や、猪木さんの〝幻の〟WWF王座奪取とも違う、真の快挙でしたよね。

鹿島　ジャンボのAWA王座奪取は、当時ボクらにとってはいちばんの社会的なニュースでしたよ（笑）。

斎藤　あれがあったから、正真正銘の世代交代が実現して、ジャンボさんは全日本プロレスのエースになった。

――「日本人初のAWA世界王者」になったことで、馬場さんに代わる全日本のエースにふさわしい格になったという。

斎藤　その前にハーリー・レイスやリック・フレアーのNWA世界王座に挑戦しても、なかなかベルトは獲れなかった。

鹿島　だから「善戦マン」と呼ばれていましたよね。

――それがAWA世界王者になったことで、実績的にもスムーズに世代交代が進んだっていう意味では、AWAは全日本の歴史にとっても重要なベルトとなったわけですね。

鹿島　だから日本におけるAWA王座っていうのは、一連の鶴田vsニックが始まってから急激に注目度が増しましたけど、それ以前はそこまで馴染みがなかったように思うんですよ。もちろんバーン・ガニアがやっている団体だということは知識として知っていても。

――バーン・ガニア自体、ボクらの世代にとっては「知ってるつもり!?」案件かもしれないですね。

鹿島　あー、それはそうかもしれない。AWA世界王者時代は見たことがなくて、どっちかと言えば、漫画『プロレス・スターウォーズ』に出てきた、アメリカンプロレス軍の重鎮プロモーターのイメージのほうが強いくらいですからね（笑）。

斎藤　日本におけるAWAの歴史をおさらいすると、AWA世界王者バーン・ガニアが最初に来たのは1970年2月の国際プロレスですね。ニックネームは「帝王」で、シリーズ終盤戦1週間の特別参加。あらためて記録を見て驚くのは、ガニアは国際プロレスに初来日したシリーズで、ストロング小林、サンダー杉山、グレート草津の日本人3エース全員に勝って、負け知らずのままアメリカに帰っちゃったんです。

鹿島　凄いですね。ニックvs鶴田のときは両者リングアウトとか反則絡みの防衛でしたけど、ガニアはみんなにしっかり勝っていたと。

斎藤　要するに、当時としては「AWAの帝王」と国際プロレスのメンバーでは格の違いがありすぎたんでしょう。だからトップクラスの日本人メンバーとのシングルマッチは全勝で、タイトルマッチは小林と草津のみ。それも普通に勝って、そのままスーッと帰っちゃった。

――逆に言うと、それほどの超大物をTBS時代の国際プロレスは呼んできたってことですね。

鹿島　ああ、そうか。「TBSプロレス」時代ですもんね。

斎藤　ガニアは日本プロレスには来ていないんです。それまで「おそらくガニアは日本には来ないだろう」と言われていて、プロレス雑誌でも『月刊プロレス』は昭和30年（1955年）創刊で、『ゴング』は昭和43年（1968年）なんですけど、どちらもAWA圏のリアルタイムの試合はあまり載っていなかった。ガニアのポーズ写真もモノクロで同じカットのものが何度も使われていた。〝まぼろしのレスラー〟だったんです。

鹿島　まさに〝まだ見ぬ強豪〟だったわけですね。

斎藤　バーン・ガニアはアスリートとしての実績もズバ抜けています。レスリングで1948年のロンドン・オリンピック代表になり、アメリカンフットボール選手としてもNFLシカゴ・ベアーズのドラフトにかかった。プロレスとフットボール、いまで言う二刀流の道がある中で、あえてプロレスを選んだ人なんです。

「ルー・テーズののれん分けベルトをガニアが巻いたということは、ある種、新たな世界王座誕生というのはテーズありきというか」（鹿島）

鹿島　スーパーアスリートなんですね。

斎藤　実際、ガニアはデビューした翌年にはNWA世界ジュニアヘビー級王者になっていて、アメリカのテレビプロレス黎明期の若きスーパースターのひとりでもあるんです。戦後、アメリカも日本に先行すること6年くらいですか、プロレスの人気とともにテレビが一般家庭に普及していった時代があった。1940年代後半から1950年代前半にかけてドゥモン・ネットワークというシカゴのテレビ局が『レスリング・フロム・マリゴールド・ガーデン』

という人気番組を全米放送していた。いちおうNWA加盟プロモーターなんだけど、NWA主流派ではない、でも凄い政治力のあるフレッド・コーラーというプロモーターが主宰する団体の試合をオンエアしていて、USヘビー級王者ガニアが番組の主役だった。NWA世界王者ルー・テーズが番組に出ないのでUS王座を新設したわけです。

鹿島　ガニアはデビュー直後から、もう大スターだったと。

斎藤　当時、NWA世界ヘビー級王者はルー・テーズだけれど、テーズは全米を回っていて、シカゴのコーラー派には来ない。シカゴは大都会だから別派もあった。番組の看板タイトルはUS王座で、そのベルトを巻いていたのがバーン・ガニア。英語圏の感覚だと、ワールド・チャンピオンとUSチャンピオンはほぼ同格だから、大都市シカゴでNWA世界王者テーズとUS王者ガニアのタイトルマッチも何度も実現しているんです。ほとんどが60分時間切れ引き分けだったんですけど。

鹿島　そのガニアが、次期NWA王者ではなく、AWAの帝王になっていった理由はなんだったんですか？

斎藤　当時、テレビ局間でプロレス番組の争奪戦がおこなわれていたんですけど、テーズのスケジュールを管理しているサム・マソニックNWA会長が、ABC系ローカル局のプロレス番組にテーズを出場させたことから、ドゥモン・ネットワークとテーズ・マソニック一派が決裂したんです。これがきっかけで、フレッド・コーラーはNWAを脱退して、US王者のガニアが事実上、シカゴにおける〝世界王者〟になった。と同時に次期NWA世界王者のリストからも外れたわけです。

鹿島　なるほどな〜。テレビ局が絡んで、シカゴのプロモーターがNWAを脱退したことで、バーン・ガニアが〝非NWA〟の世界王者になったと。

——なんか、日プロ末期に馬場をNET（現テレビ朝日）の放送に出したことで、日本テレビが激怒して放送打ち切りにして、結局、全日本プロレスができたような感じと似ていますね（笑）。

斎藤　それくらい日本もアメリカも、テレビとプロレスはあざなえる縄のごとき関係、切っても切れない関係だったということでしょう。

鹿島　そこから、どうやってバーン・ガニアのAWAという団体が生まれるんですか？

斎藤　AWAというのは、じつはルー・テーズからの〝のれん分け〟で始まっているんです。テーズは1957年10月に（NWA）世界王者として初来日して、後楽園球場で力道山と世紀の一戦を実現させましたが、じつはその時点ですでにテーズのベルトは分裂しまくっていたんです。

鹿島　のれん分けしまくり（笑）。

斎藤　力道山とやる4カ月前、1957年6月にシカゴでテーズは、エドワード・カーペンティアに負けている。3本勝負の3本目にテーズが肩を負傷して試合放棄という微妙な裁定だったんですけど、シカゴではカーペンティアが新チャンピオンになって、テーズはテーズでその後も王座防衛のツアーを続けていくわけです。

――カーペンティアが新王者になったけれど、テーズが王座転落したわけではない。まさに分裂ですね（笑）。

斎藤　そしてカーペンティアもカーペンティアで、世界チャンピオンとして王座防衛活動を始めて、1958年8月にネブラスカ州オハマでガニアとタイトルマッチをおこない、そこでガニアがカーペンティアに勝って新チャンピオンになる。これが「オハマ版AWA」と呼ばれる、これまた別派の世界王座なんです。

鹿島　テーズののれん分けベルトをガニアが巻いたと。

斎藤　日本と関係のあるところで言えば、カーペンティアは世界王者のままロサンゼルスにやってきて、フレッド・ブラッシーに負けて、それが力道山も巻いたWWA世界王座のルーツになって、ボストンではキラー・コワルスキーに負けて、そこでも新しい世界王座が誕生している。

鹿島　ある種、新たな世界王座誕生というのはテーズありきというか。

斎藤　テーズは存在自体が「世界チャンピオン」だったのでしょう。

――だからテーズに勝った人はもれなく世界チャンピオンになれると（笑）。

鹿島　凄いなー。

――大勝軒がどんどん増えていくような（笑）。

鹿島　ルー・テーズ＝大勝軒池袋総本店説（笑）。

斎藤　1958年8月、力道山がロサンゼルスのオリンピック・オーデトリアムで〝世界王者〟ルー・テーズを破って新王者になるという、日本プロレス史の重要な一戦がありますけど、あのときも厳密に言えばルー・テーズはすでにNWA世界王者ではなかった。だから力道山は羽田空港での会見で「新チャンピオンにはなったけれど、ベルト自体はテーズの個人所有だから日本に持って帰ることはできなかった」と主張した。

――その時点でテーズが巻いていたベルトは「世界チャンピオン」という呼び名の、テーズが個人で所有するベルトだったんですね（笑）。

斎藤　だけど力道山は「チャンピオンが俺であることは間違いない」と言うので、田鶴浜弘先生や鈴木庄一先生といったプロレスマスコミの先人たちが「ロサンゼルスの試合でかけられたのは、テーズがもう一本持っていたインターナショナル王座だった」という書き方をして、インター王座が誕生するわけです。

「AWAはいまのWWEや日本の団体と同じように、所属選手を抱えてその固定メンバーで各地をサーキットする〝団体〟だったんです」（斎藤）

鹿島　ということは、「テーズに勝った世界王者」というのれん分けを力道山もちゃんとやっていたということですね。免許皆

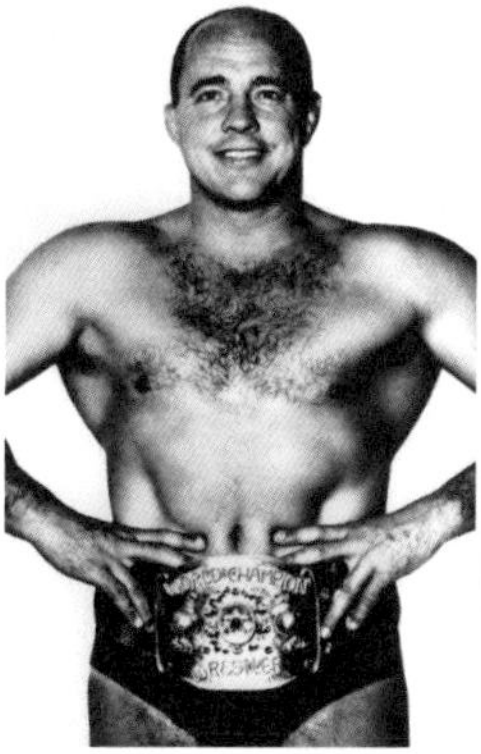

Jan 30, 1971

TORA! TORA! TORA!

Is Japanese for Tiger! Tiger! Tiger! And a Real Tiger Will Meet Verne Gagne at the Mpls. Auditorium Sat., Jan. 30th at 9 p.m. for the

HEAVYWEIGHT CHAMPIONSHIP OF THE WORLD!

—MAIN EVENT—
ONE FALL—ONE HOUR TIME LIMIT

VERNE GAGNE
(World's Heavyweight Champion)

VS.

SHO ZO KOBAYASHI
(Japanese Heavyweight Champion)

SPECIAL ATTRACTION

Hercules (strong man) CORTEZ VS. Black Jack LANZA
Top Contenders

EXTRA! TAG-TEAM MATCH!

"Pretty Boy" Larry Hennig and "Luscious" Lars Anderson VS. Paul Diamond and Eduardo Carpentier
2 out of 3 Falls—1-Hr. Time Limit

PLUS THESE GREAT STARS IN OTHER MATCHES: BOCKWINKEL, RED BASTIEN, BILLY RED CLOUD, AND BIG K.

PRO-MAT MONSTERS - DICK THE BRUISER *AND HIS COUSIN*, THE CRUSHER ///FOES BEWARE ///

伝みたいな（笑）。

斎藤　そのインター王座は、いまも全日本プロレスにある三冠ヘビー級王座のなかのひとつだから、その歴史は60年以上続いているわけです。

鹿島　そう考えるとテーズは凄いですね。伝統あるチャンピオンベルトのルーツを辿ると、すべてルー・テーズから枝分かれしていると。

斎藤　ルー・テーズの凄いところは、全米各地どこに行っても1万人クラスの観客を動員していたところです。そして、その神々しいテーズに勝ったカーペンティアは、日本の80年代におけるタイガーマスクみたいなスーパースターだった。１９５０年代にサマーソルトキック、サンセットフリップといった空中殺法を得意技にしていた人ですから。そしてテーズに勝ったカーペンティアにガニアが勝って、オハマ版ＡＷＡが生まれた。ところが、そのニュースは日本にまで伝わらなかったんです。

鹿島　１９５０年代の話だから、当時の日本人が知る由もないという。

斎藤　その試合結果がアメリカで新聞に載ったとしても、地元ローカル新聞だけですから。そしてガニアは1959年にオハマ版AWAの世界王者のまま、地元ミネアポリスの興行会社ミネアポリス・ボクシング・アンド・レスリング・クラブを買収して新会社AWAを設立して、しばらくオハマ版AWAとミネアポリス版AWAを同時進行させたあと、やがてAWAそのものを統一するんです。

鹿島　ここでようやく「バーン・ガニアのAWA」になるんですね。

斎藤　そして新生AWAは、当時のNWA世界王者パット・オコーナーに対して「30日以内にバーン・ガニアの挑戦を受けなければ、ミネアポリスはガニアを世界王者として認定する」と宣言して、オコーナーから返事が来なかったということで、ガニアはミネアポリス版の初代AWA世界王者になったんです。

鹿島　ルー・テーズによって世界王座がのれん分けされていっただけじゃなく、「AWA」という団体自体もそれまでいくつもあったんですね。

斎藤　AWAというのは「アメリカン・レスリング・アソシエーション」の略だから、日本語にすれば「アメリカプロレス協会」で、いちばん付けやすい団体名だったのでしょう。だから1920年代にはボストンにポール・バウザー派AWAがあったり、40年代にシカゴにレイ・フェビアーニ派AWAがあったり、カナダのモントリオールにもAWAがあったり、カール・ゴッチさんがチャンピオンになったオハイオ版AWAもあったり、同じ名称の団体がけっこういっぱいあったんです。そしてガニアは1960年にオハマとミネアポリスのAWA世界王者になったことで、このふたつはやがて合体し、1960年代以降はガニアのAWAが、AWAを統一したということになるんです。

鹿島　ルー・テーズからのれん分けされた世界王者のバーン・ガニアが、いくつかあったAWAを統一したことで、AWA世界王者になったと。ようやくAWAの成り立ちが整理できました（笑）。

斎藤　それでAWAがNWAと違ういちばんの特徴は、NWAが各地のローカル団体の加盟組織、〝組合〟であったのに対し、AWAはいまのWWEや日本の団体と同じように、所属選手を抱えてその固定メンバーで各地をサーキットする〝団体〟だったというところです。

鹿島　組合と団体というとわかりやすいですね。WWFもAWAと同じ団体だったわけですよね？

斎藤　そうなんですけど、WWFはいまのビンス・マクマホンが全米ツアーを始めるまでは、ニューヨーク、ニュージャージー、ペンシルベニアなど東部エリアが中心だった。東海岸だから、まあまあ大きいんですけど、それに対してAWAは、同じメンバーでミネソタ、ウィスコンシン、シカゴ、アイオワからデンバー、ソルトレイクシティ、ラスベガス、最後は西海岸のサンフランシスコまで興行エリアを拡大していった。カナダの一部も含めて、合衆国の北部のほうはほとんどがAWA圏だった。NWAはどちらかといえば南部のイメージがありましたが。

——では、北の大都市を網羅したかなりの勢力を持った団体だったわけですね。

斎藤　AWAは60年代も70年代もそれだけの豪華メンバーを揃えていたんです。たとえば、ディック・ザ・ブルーザー&クラッシャー・リソワスキー組と若き日のディック・マードック&ダスティ・ローデスのテキサス・アウトローズの定番カードがあったり。ガニアがいて、マッドドッグ・バションヽ、ビル・ロビンソン、ニック・ボックウィンクル、ワフー・マクダニエル、それから若い頃のスーパースター・ビリー・グラハムとか。80年代はジェシー・ベンチュラ&アドリアン・アドニス、ロード・ウォリアーズもAWAのレギュラーだった。

鹿島　凄いですね！　組合であるNWAは世界王者が来たときだけスーパーショーになりますけど、AWAは毎日がオールスターメンバーなわけですね。

斎藤　AWAはすべて手打ち興行だったわけじゃなくて、各地に有力プロモーターがいて、広範囲に巡業コースが組めたので、それで試合数も多かったんだと思います。それからかなり早くから飛行機移動も取り入れていましたしね。

——凄く時代を先取りしていた団体だったんですね。

斎藤　当時の日本プロレス界の認識は〝NWA病〟に冒されていたから、AWAが正当な評価をされていたとは言い難いと思う。「世界最高峰NWA」という文言である部分、思考が停止してしまっていた。

——では、80年代初頭まではNWA、AWA、WWFが世界三大王座、三大テリトリーで、そのなかでも「世界最高峰のNWA」と言われていましたけど、実際はAWAがいちばん大きかったんですか？

斎藤　ひとつの団体としてカバーしている地理的な広さでは、AWAがいちばん大きかったと思います。じゃあ、東海岸のWWFはどうなのかと言うと、AWAよりも地理的には小さいかもしれないけど、人口密度が違うわけですよ。ニューヨーク近郊エリアだけでも人口1000万人とかになるわけだから。だから人口の多さで言えばWWF、テリトリーの広さで言えばAWA。そしてNWAは各州ごとに独立採算型のローカル団体がいくつもあり、それらの中小団体がNWAに加盟してひとりの世界チャンピオンを共有するという、どちらかと言えばそれはシンジケートということだったんだと思います。

「プロレスにおける勝敗の重要性。バーン・ガニアは自分が勝つということに関しては筋金入りなんですね」（鹿島）

鹿島　そして日本のプロレス界もまた、そのシンジケートの一員みたいなものだから、「世界最高峰のNWA」が長らく信じられたということですかね。

斎藤　日本との関係で言うと、AWAは芳の里さん時代の日本プロレスとはビジネスをしていなかったという影響はあると思います。そこで吉原功さんの国際プロレスが初めてAWAにアプローチして、そうしたらバーン・ガニア本人が日本にやって来たんです。

――TBSの資金力をバックに、かなりいい条件を出したんでしょうね。

斎藤　ガニアは「絶対に負けない超大物」として1970年に初来日して、日本人トップグループ全員に勝って、その後はバロン・フォン・ラシク、マクダニエル、グラハム、ホースト・ホフマンあたりまでAWA系の選手たちの初来日は国際プロレスが多いんです。

――なんか70年代初頭の国際とAWAの関係は、90年代初頭のSWSとWWFみたいですね。多額のお金で豪華な外国人は来るけど、ハルク・ホーガンは国際でのガニア同様、天龍、谷津嘉章とか日本のトップに完勝するっていう。

鹿島　ああ、そうかもしれない。

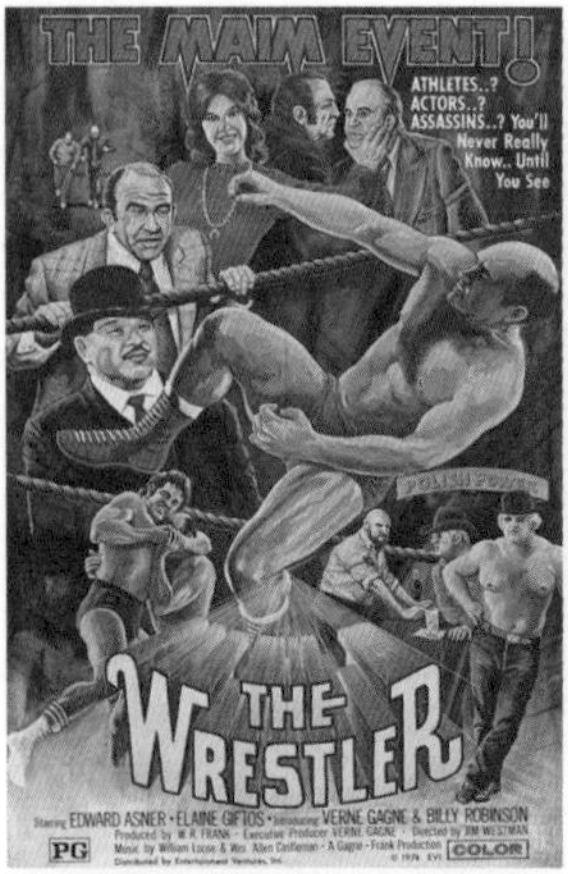

――また、前号のビリー・グラハムの話じゃないですけど、もしかしたらAWAは最初に提携したのが新日本や全日本じゃなくて、国際プロレスだったから正当な評価をされなかったのかもしれないですね（笑）。

斎藤　ガニアは国際とAWAでビル・ロビンソンを共有したり、モンスター・ロシモフ（のちのアンドレ・ザ・ジャイアント）をAWAにブッキングしたりと、その結びつきは強かったんだけど、国際からTBSが離れたこともあって、1975年をもっていったん提携解消。1976年からは全日本に鞍替えして、ジャンボ鶴田試練の十番勝負の第1戦の相手として、ガニアは初めて全日本に来るんです。それから以前、ガンツくんにはガニアと猪木さんが一緒に写った写真を見せたことがありましたよね？

――はい。見せてもらいました。

斎藤　あれは同じ1976年に、猪木さんがモハメド・アリ戦のプロモーションでアメリカに行ったときの写真で、なぜガニアと一緒に写っているかと言うと、ガニアはAWAテリトリーでは映画館を数10館使って、猪木vsアリのクローズドサーキットのプロモーターをやったんです。

――ニューヨークでビンス・シニアが、猪木vsアリをプロモートしたことは知られていますけど、ガニアのAWAもやっていたんですね。

斎藤　シカゴのインターナショナル・アンフィシアターではスクリーンで猪木vsアリを映して、ライブのメインはガニアvsニック・ボックウィンクルのAWA世界戦、ディック・ザ・ブルーザー&クラッシャー・リソワスキーvsブラックジャック・ランザ&ボビー・ダンカンのAWA世界タッグ戦というカードだったんです。だからAWA、ガニアは猪木vsアリにも絡んでいるんです。

鹿島　猪木vsガニアっていうのも観てみたかったですね。

斎藤　だから、なぜ1976年にいきなり馬場さんがジャンボさんの試練の十番勝負の1発目にガニアを呼んだかと言うと、アリ戦が進んでいくなかで猪木さんとガニアが接触してしまったからです。

――馬場さんが、新日本とAWAの接近を警戒して、向こうに行かせないために大金をはたいてガニアを全日本に呼んだと。じつに馬場さんらしいですね（笑）。

斎藤　結果的に実現はしなかったんだけど、ひょっとしたら猪木vsガニアが新日本が実現する可能性もあった。でも、なぜそうならなかったかと言えば、全日本の〝横槍〟と言ったらそれまでだけど、そうじゃなくても、猪木さんはガニアとはやらなかったんじゃないかと思う。なぜなら、ガニアは「負けない人」だから。

鹿島　なるほど～！

斎藤　アリと闘った全盛期のアントニオ猪木としては、誰とやっても勝たなきゃいけなかったでしょう。ガニアはたしかに超大物ではあるけれど、猪木さんより20歳も歳上で頭がハゲた、当時30代の猪木さんからしたらいわばロートルじゃないですか。それでいてギャラが高いし、負けないし。それで猪木vsガニアは実現しなかったんだと思います。

——新日黎明期の猪木さんは、ガニアよりさらに上の世代の超レジェンドであるテーズには勝ちましたけど、現役のＡＷＡ世界王者だったガニアは、まず負けなかったんでしょうね。

斎藤　ガニアは負けないことで自分の価値を落とさないレスラーだったんだと思うんです。これはプロレスを勉強するのにいちばんいい教材でもあるんだけど。プロレスをよく知らない人たちは「勝ち負けがあらかじめ演出されているなら、勝敗はいかようにもできる」と簡単に考えがちですけど、「勝ち負けに演出があるからこそ、自分は絶対に負けるわけがない」と考えるのが猪木さんであり、バーン・ガニアなんです。

鹿島　そのプロレスにおける勝敗の重要性については、以前にもブルーザー・ブロディの例でフミさんが語られていましたよね。

斎藤　ガニアもそういう考えの人でしょう。だからジャンボ鶴田試練の十番勝負はもちろん、１９８１年にやった馬場さんの３０００試合連続出場試合でも負けていないんですね。その前には、末期の国際にもガニアは来ているんですが、売り出し中の阿修羅・原に簡単にフォール勝ちして、ラッシャー木村からはＩＷＡ世界王座まで奪っちゃってるんだから凄い話なんです。結局、ガニアは１９７５年にＡＷＡ世界王座をニック・ボックウィンクルに禅譲するかのように明け渡すんですが、１９８１年にニックから王座奪回して、その年に世界王者のまま引退しているんです。

鹿島　自分が勝つということに関しては筋金入りなんですね（笑）。

「ＡＷＡからＷＷＦへという流れができたのは、ホーガンが去ってしまったことが大きかった。ホーガンはＡＷＡ世界王者にならせてもらえなかったんです」（斎藤）

——そのガニア引退後も、ＡＷＡはしばらくその勢力を保っていたんですよね？

斎藤　１９８４年にビンスのＷＷＦが全米ツアーを開始するまで、ＡＷＡは凄く大きかったんですよ。ＷＷＦの主役となる前のハルク・ホーガンがＡＷＡにいて、ホーガンvsニックのタイトルマッチが大会場を何度もフルハウスにしていた。

鹿島　そのイメージが凄くありますね。ホーガンはＡＷＡで出てきたっていう。

斎藤　ＷＷＦに行く前のホーガンは、１年のうち半分はＡＷＡにいて、もう半分が新日本にいたんです。

——ホーガン、ニック以外にも、当時のＡＷＡは凄いメンバーが揃っていましたよね？

斎藤　そうですね。ホーガンがＷＷＦに行った直後ですが、ロード・ウォリアーズがいて、オットー・ワンツがいて、たまにブロディやブッチャーが来たりとか。そのちょっと前までジェシー・ベンチュラ、アドリアン・アドニスがいて、デビッド・シュルツ、ティト・サンタナ、リック・マーテル、あとはハイフライヤーズ（グレッグ・

バレンタイン&ジム・ブランゼル）やカート・ヘニング、ケン・パテラやジェリー・ブラックウェルがいたり、超ベテランのクラッシャーやバション、悪党マネジャーのボビー・ヒーナンもいた。マサ斎藤さん、ブラッド・レイガンズもいました。凄いメンバーだったんです。その一方で、ビンスが全米ツアーを始めたとき、選手をいちばん引き抜かれたのもAWAでした。

鹿島　いい選手の宝庫だったからこそ、逆に狙われたという。

斎藤　だから、ほとんどビンスに持っていかれちゃったんですよね。

――PRIDEが出て来たとき、リングスのいい選手がみんな持っていかれちゃったようなものですね（笑）。

鹿島　歴史は繰り返すっていう（笑）。

斎藤　AWAからWWFへという流れができたのは、やはりホーガンが去ってしまったというのが大きかったと思います。ホーガン自身はAWA世界王者になりたかったんだけど、ならせてもらえなかったんですね。当時のガニアのなかの世界チャンピオン像というのは「負けそうで負けない王者」。挑戦者はいつもベビーフェイスで、今日こそ勝つかもしれないという人がニックさんに挑戦し続けるんだけど、王者のニックさんがずる賢いことをして防衛するというのが何年も続いたわけです。

鹿島　なるほど。日本での鶴田さんも、何度もそれをやられましたもんね。

斎藤　そういう「負けそうで負けない王者」を理想とするガニアにとって、ホーガンはあまりにもデカくて強くてシンプルだから、「おまえがチャンピオンになったら挑戦者がいないだろ。おまえと同じくらいデカいヤツを連れて来なきゃいけないじゃないか」と思ってしまった。

――ホーガンを「負けそうで負けない王者」にするためには、もっとデカくて強そうな挑戦者を毎回連れて来なきゃいけないわけですもんね。

斎藤　ガニアから見れば「ベルトがなくてもおまえは客が入れるからいいだろ」ということだったんだと思うんです。しかし爆発的に人気があって、チケットも売るのにチャンピオンにさせてもらえないホーガンに目をつけたのがビンスだった。WWFはホーガン用の相手もちゃんと用意して、無敵のベビーフェイス王者に作り替えた。それが若年層のお客さんにとってはわかりやすくて、新しいファンを大量に生み出した。

――WWFはホーガンをチャンピオンにすることで、プロレスにおけるチャンピオン像の常識を変えてしまったわけですね。

斎藤　そうです。プロレスのドラマツルギーを変えてしまった。

鹿島　たしかにあの頃の新しいチャンピオン像としてのホーガンはわかりやすくてよかったですよね。それまではAWAもNWAもずる賢いチャンピオンっていう感じだったじゃないですか。

――AWAやNWAの世界王者って、やたら大人な感じがしましたよね。だから逆に子どもにとってはあまりおもしろくないというか。ボクも当時は小学生ですから、ニックやレイスが来るたびにつまらないと思っていましたからね（笑）。

鹿島　レイスやニックのおもしろさは、子どもにはわからないでしょうね。

斎藤　いま見ると凄くおもしろいんだけどね（笑）。

鹿島　大人になってようやくわかるんですよ（笑）。

――ホーガンにはタイトルを明け渡さなかったニックが、ジャンボ鶴田さんに明け渡したのには、どういった理由が考えられますか？

斎藤　ニックさんからリック・マーテルに王座が移る前のワンクッションという意味合いがひとつ。マーテルもガニアにとっては理想的なチャンピオンなんですよ。まわりのレスラーよりも少し小さめだから。

鹿島　なるほど。「負けそうで負けない王者」になれるわけですね。

斎藤　おそらくニックさんが直接マーテルに落とすというプランもあったと思います。当時、ボクがミネアポリスのリングサイドで写真を撮った試合でも、マーテルがニックさんにフォール勝ちしたけれど、その日はノンタイトルでベルトの移動はなしっていう試合があったんです。

「最後の最後にマサ斎藤さんが東京ドームでAWA世界王座を獲ったのはよかったですよね。あれはいい結末になった」（鹿島）

鹿島　王座移動の伏線みたいな試合があったんですね。

斎藤　当時、ニックさんに話を聞きに行っても、「マーテルが次期チャンピオンとしていちばんの候補だ」みたいなことを言っていた。そしてボクは後年、ニックさんに「なぜ、マーテルじゃなくてジャンボさんに落としたのか？」ということを遠回しに聞いてみたら、「自分はチャンピオンになってもう6年目で、変化を考える時期に来ていた」という意味のことを言っていたんです。だからニックさんはそのときマーテルよりもジャンボのほうがいいと思ったのかもしれない。それから、ボクの推測ですが、日本テレビがAWAにかなりのお金を払ったと思うんです。

鹿島　ジャンボ鶴田のAWA世界王座奪取とアメリカでの防衛戦で、何度か特番を組んでいましたからね。

斎藤　ジャンボさんのアメリカでの防衛戦には、日本テレビのテレビクルーから、東スポやらゴングやら、日本から記者とカメラマンがぞろぞろ同行していましたから。

――当時、日本テレビの『全日本プロレス中継』は馬場さんから鶴田さんへのエース交代を推し進めていて、ジャンボ鶴田が日本人初のAWA世界王者になるというのは、そのためにも必要だったんでしょうね。

鹿島　たしかにAWA世界王者になったことで、真の鶴田時代到来というイメージになりましたからね。

斎藤　だから全日本・日本テレビとAWAのビジネスとしての利害が一致しての大きなプロジェクトになったんだと思います。

――本当は、馬場さんは自分がAWAのベルトも巻こうとしたら、日テレに却下されたっていう話も一部でありますよね？（笑）。

斎藤　いやー、そんなことはないと思いますよ（笑）。まあ、それも諸説あって、1980年に馬場さんはレイスから3度目のNWA王座を奪取したことがありましたが、なぜ、それを鶴田にやらせなかったのか。

鹿島　たしかに、その時点で鶴田さんがNWA世界王者になっていたら、もっと早くにプロレス界のトップのイメージになっていましたよね。

斎藤　その疑問を当時ベテラン記者にぶつけてみたら、「いや、馬場さんはジャンボにNWAを獲らせたくなかったんだよ。それまでは馬場さんが日本人でただひとりのNWA王者だったから」と。

鹿島　だから「俺はNWAで、おまえはAWAな」っていう棲み分けをしたと。

斎藤　そしてニックさんは、ジャンボさんのことを凄く評価していたんです。だからニックさんはその後、スタン・ハンセンがAWA世界王者時代にタイトルマッチをボイコットしたあと、一時、王者に返り咲きますけど、ニックさんのなかではジャンボさんにベルトを落としたあの時点でチャンピオンとしての役目を終えているわけです。

——ニックさんがベルトを落とした時点で、AWA自体が終焉に向かっていった感もありますよね。

斎藤　そうかもしれない。その後、チャンピオンになったマーテルもWWFに行ってしまい、カート・ヘニングが王者になったと思ったら、ヘニングもWWFに引き抜かれてミスター・パーフェクトになってしまいましたから。

——末期はジェリー・ローラーがAWA王者になったこともありましたよね。

斎藤　あのときはローラーがベルトを地元テネシーに持って行っちゃって返さなかった。それでテネシーとダラスWCCWが合併して、AWAのベルトはローラーとケリー・フォン・エリックが争うものになっちゃったんです。そうなるともうAWAとは関係ないですよね。

——ローラーは、AWAとWCCWを統合したユニファイド王者を名乗っていましたよね。

斎藤　あれはガニアは認めていないと思います。でも、あの時点ですでにAWAは団体として機能していなかったんです。ラスベガスのショー・ボートというところでスポーツチャンネルESPNの番組作りだけをやっていて、いわゆるハウスショーは辞めていた。もう潰れる前兆ですよね。だから、ホーガンをWWFに獲られた時点で終わりに向かっていたんでしょう。

鹿島　なるほどなー。でも最後の最後にマサ斎藤さんが新日本の東京ドーム（1990年2月10日）で、AWA世界王座を獲ったのはよかったですよね。いい結末になったというか。

斎藤　ラリー・ズビスコがまたいかにもAWAらしい古典的ヒールのチャンピオンでした。

——70年代のレスラーみたいな感じでしたよね（笑）。

斎藤　古風なレスラーで、東京ドームという舞台で古き良きアメリカンプロレスが展開された。あれがよかったですね。

鹿島　あのとき、マサさんがＡＷＡを獲ったことでお祭り騒ぎになって、試合後、プロレスのドーム興行で初めてウェーブが起こったんですよね。あの伝説の興行はＡＷＡタイトルマッチが火をつけましたよ。

斎藤　あれから3カ月後、マサさんはＡＷＡのベルトを巻いてミネソタのセントポールまで行き、ズビスコとタイトルマッチをやってベルトを落とした。それがＡＷＡ最後の興行ですよ。ＡＷＡはマサvsズビスコで締め括られたんです。

鹿島　ある意味、有終の美を飾れましたね。

斎藤　あれが１９９０年でしょ。バーン・ガニアが初代ＡＷＡ世界王者を名乗り始めたのが１９６０年。そこでボクが感じたのは、ひとつのプロレス団体の寿命っていうのがあるとすれば、それは30年くらいなんじゃないかなと。特に同じ社長、同じトップスターで団体が存続するというのは30年サイクルくらいが限界、限度なのかなと。

――たしかに全日本や新日本もそうですもんね。全日本はちょうど30年で「武藤全日本」に変わって、新日本は30年目に暗黒時代を迎えて、その後、ユークスの子会社になるわけですから。

鹿島　馬場・猪木体制の全日本・新日本も含めて、プロレス団体の寿命30年説というのはおもしろいですね。

斎藤　だからＡＷＡもガニアの一代のもので、30年でその役目を終えたということでしょう。その後、マサ斎藤とブラッド・レイガンズという元ＡＷＡのレスラーが、ＡＷＡの本拠地だったミネアポリスで選手を育てて、スコット・ノートン、トニー・ホーム、ドン・フライなどを90年代の新日本に送り込むという新しいシステムを作りましたね。あれも言ってみればＡＷＡの遺産と言えないこともないかもしれない。プロレスはそうやって時代と時代をつないでいくんだと思います。

斎藤文彦
1962年1月1日生まれ、東京都杉並区出身。プロレスライター、コラムニスト、大学講師。アメリカミネソタ州オーガズバーグ大学教養学部卒、早稲田大学大学院スポーツ科学学術院スポーツ科学研究科修士課程修了、筑波大学大学院人間総合科学研究科体育科学専攻博士後期課程満期。プロレスラーの海外武者修行に憧れ17歳で渡米して1981年より取材活動をスタート。『週刊プロレス』では創刊時から執筆。近著に『プロレス入門』『プロレス入門II』(いずれもビジネス社)、『フミ・サイトーのアメリカン・プロレス講座』(電波社)、『昭和プロレス正史 上下巻』(イースト・プレス)などがある。

プチ鹿島
1970年5月23日生まれ、長野県千曲市出身。お笑い芸人、コラムニスト。大阪芸術大学卒業後、芸人活動を開始。時事ネタと見立てを得意とする芸風で、新聞、雑誌などを多数寄稿する。TBSラジオ『東京ポッド許可局』『荒川強啓 デイ・キャッチ！』出演、テレビ朝日系『サンデーステーション』にレギュラー出演中。著書に『うそ社説』『うそ社説2』(いずれもボイジャー)、『教養としてのプロレス』(双葉文庫)、『芸人式新聞の読み方』(幻冬舎)、『プロレスを見れば世の中がわかる』(宝島社)などがある。本誌でも人気コラム『俺の人生にも、一度くらい幸せなコラムがあってもいい。』を連載中。

まごうことなき、
この男が格闘技界の未来!!
だが、いまだプロレスラーへの夢は捨てず!?

「いまのボクは5割6割ぐらいの完成度。
いろんな伸びしろが凄くあるから
ファイトスタイルがまだ
確立していないんです。
自分の得意技もわからない。
ボクは天才なんです。
本当にそう思っています。
だってなんでもできちゃう」

収録日:2023年6月27日
撮影:タイコウクニヨシ
試合写真:©RIZIN FF
聞き手:井上崇宏

MMAの神童

神龍誠

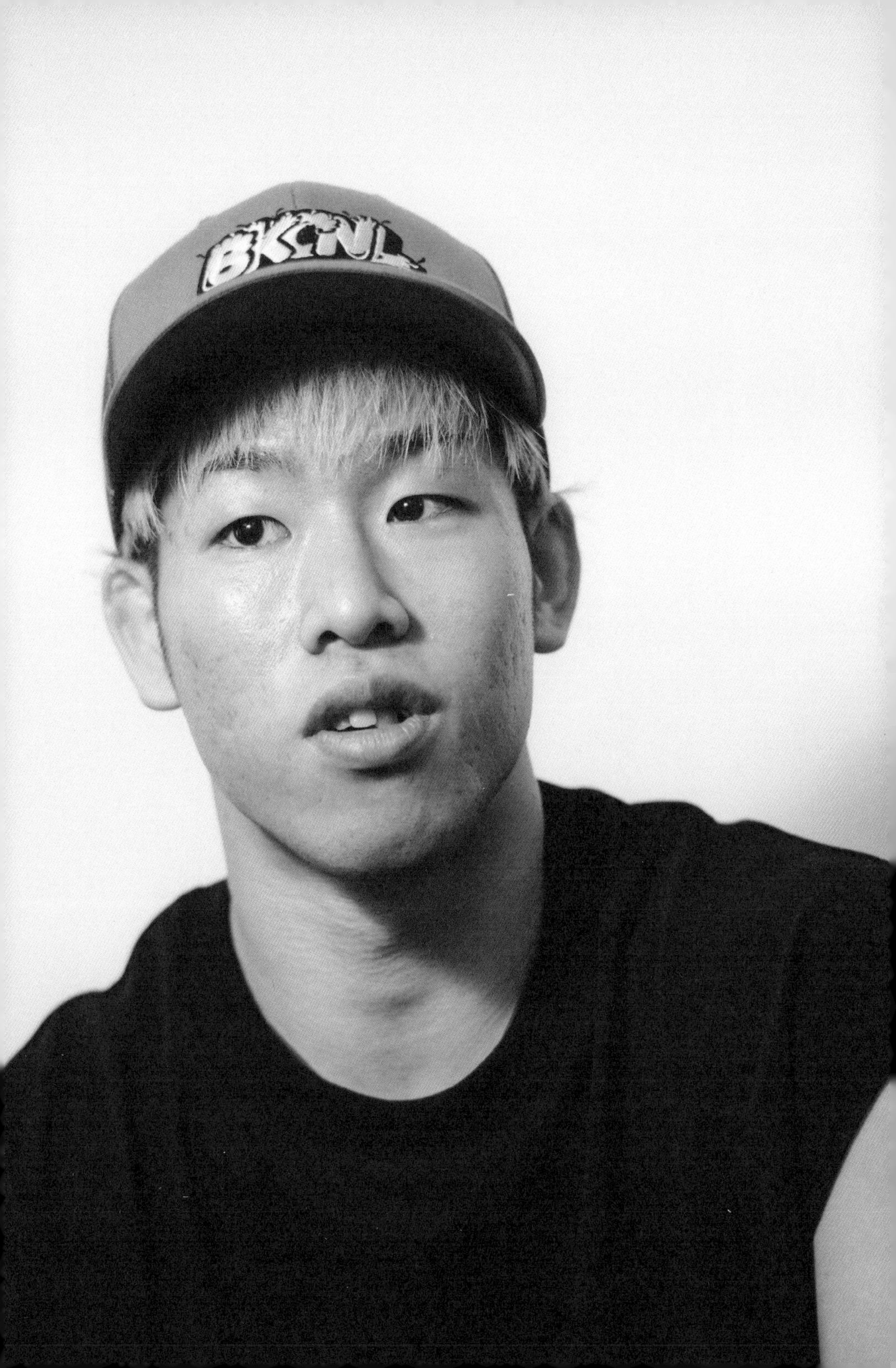

「もともとお父さんも格闘技をやりたかった人で、プロレスラーになりたくてどっかの団体に履歴書を送ったそうです」

――神龍誠を掘るうえで、お父さんの存在は欠かせないのかなと思うんですけど。

神龍　そうですね。ボク、ちっちゃい頃は身体が凄く弱かったんですよ。それもあって、格闘技好きのお父さんの影響で、っていうのが最初で。

――最初というのは、小学3年のときに始めたレスリング?

神龍　いや、その前に2年生のときにムエタイのジムに連れて行かれたんですよ。仙台の隣の名取市にＰＣＫ（連闘会）っていうジムがあって。

――最初はムエタイ。お父さんはおいくつですか?

神龍　いま52ですかね。

――ああ、ボクの1個上ですね。いちばんプロレスと格闘技に狂った世代ですよ（笑）。

神龍　そうです、そうです（笑）。

――新日本プロレスの黄金期とか、ＵＷＦ、ＰＲＩＤＥ、Ｋ－1をスタートから全部リアルタイムで見てきた世代ですからね。息子に格闘技をやらせたがる世代です（笑）。

神龍　ウチもそうでしたね。ムエタイ以外にも空手とかテコンドーの体験にも行って、たしかその中からムエタイを選んで始めたんです。

――本人の意思で始めたわけじゃないムエタイですけど、習ってみてどうでした?

神龍　でも、やってみたら楽しかったですね。やっぱり試合で勝てないと親はどんどん本気になるので、ちょいちょい怒られたりとかもありましたけど。

――普通の子みたいに、サッカーとか野球を習いたいとかっていうのはなかったですか?

神龍　めっちゃありましたよ（笑）。

――仙台はサッカーが盛んですもんね。

神龍　そうなんですよ、ベガルタ（仙台）とかあって。それこそクラブチームとか学校とかでもけっこう盛んだったので、「サッカーを習いたい」って言ったんですけど、親は「ダメ」と。

――「いや、おまえはボールじゃなくて人を蹴れ」と（笑）。

神龍　ムエタイというか格闘技系の中からっていう。もともとお父さんも格闘技をやりたかった人で、たしかプロレスラーになりたくて、どっかの団体に履歴書も送ったのかな?

――お父さんはプロレスラーになりたかった。

神龍　格闘技とかは何もやっていないんですけどね。

――えっ、何も?　部活で柔道とかもなく?

神龍　全然何もやっていなくて、自分で自重トレーニングとかして身体を鍛えていたらしいです。それで履歴書を送ったり、みたいな感じだと思います。

――どこのプロレス団体かはわからないですか？

神龍　どこかは忘れちゃいましたけど、なんかもう潰れたところみたいですね。

――それでムエタイを始めた1年後にレスリングも始めて。そこは並行してやっていたんですか？

神龍　いや、レスリングの体験に行って、ボクが倒されたときに相手の顔面を蹴っちゃったんですよ。ついクセで出ちゃうんです。

――それはわざとじゃなく？

神龍　わざとじゃなくて。たしか、それがあったからムエタイは1回辞めようとなった気がするんです。だから「どっちをやる？」ってなったときに、レスリングのほうが楽しいからレスリング1本にして。

「小4のときに震災が来たんですよ。『ああ、もう俺は10歳で死ぬんか……』って。死ななくてホッとしたっス」

――足のクセが悪いから、とりあえずムエタイから離れたほうがいいと。

神龍　けっこう蹴っちゃったんですよ。そのたびにボクも「あ、ごめん！」って謝っていた感じで。

――そんなにスライドできないもんですかね（笑）。

神龍　意外とできなかったですね（笑）。

――レスリングに限らず、子どもの習い事っていかに親がサポートするかで伸びしろが決まると思うんですけど、そこからはレスリング漬けの日々ですか？

神龍　でもレスリングチームの練習が土日しかなかったんですよ。だからそこまでではなくて、家で筋トレをやらされていましたね。

――試合にも出ますよね。

神龍　出ていましたけど、ずっと勝てなかったですね。宮城ってレベルがちょっと低くて、そこではいちばんになれたんですけど、宮城でいちばんでも、その先に行っちゃうと全然下のほうなので、めっちゃ負けてて。それでお父さんに怒られてっていう繰り返しでした。

――レスリングをやっているうちに、弱かった身体はどんどん鍛えられますよね。

神龍　まあ、毎日めっちゃ家で筋トレをやらされていましたから。スクワット300回とか。

――プロレス式だ。「床に汗が溜まってねえぞ」みたいな（笑）。

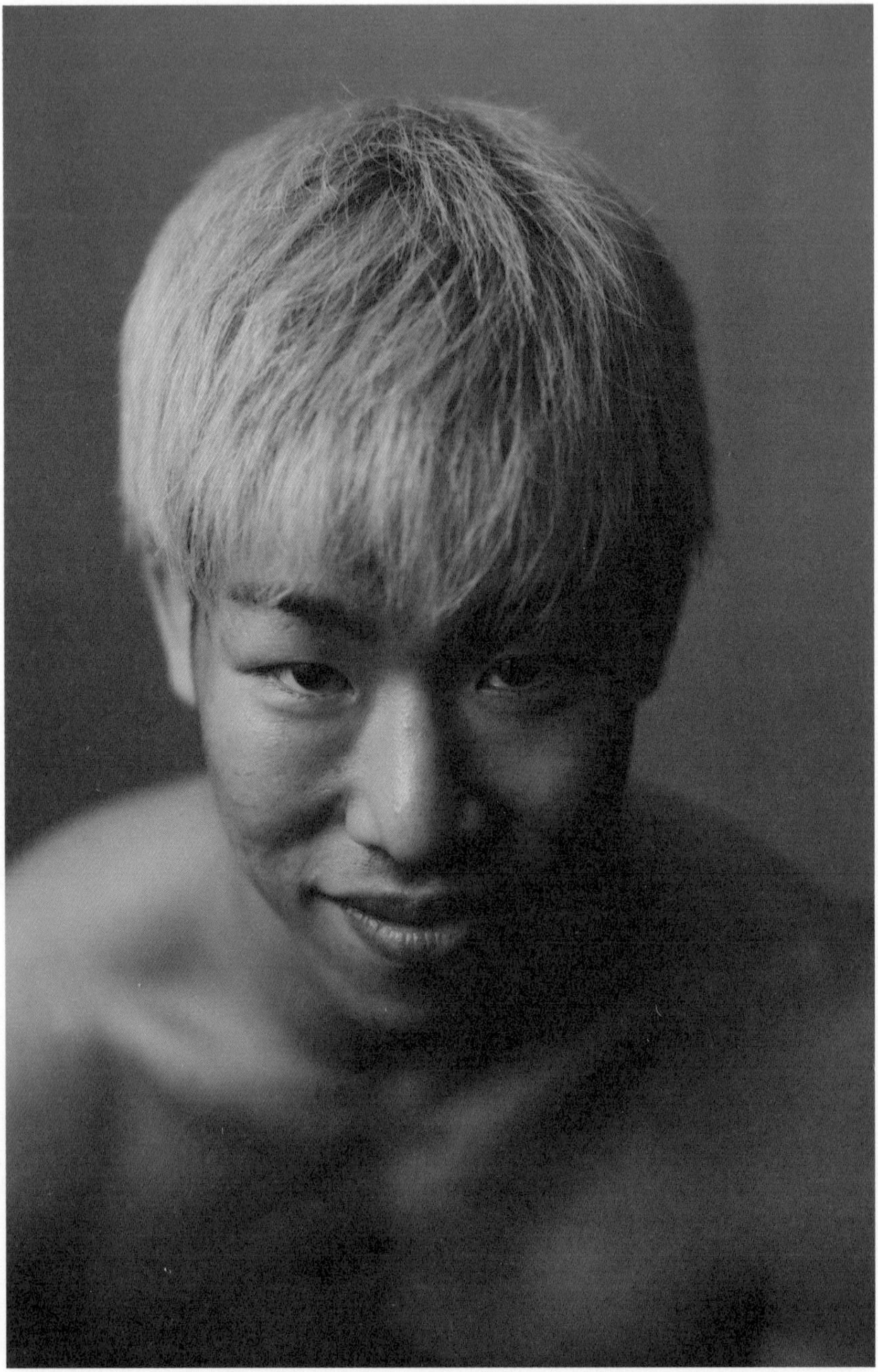

神龍　本当にそんな感じで（笑）。お父さんがプロレスが好きだったから、そういうノリでライオン（プッシュアップ）をやったりとか。それで小4のときに震災（東日本大震災）が来たんですよ。それから茨城に引っ越して、（千葉県）成田市にあるアライアンスに入ったんです。

——髙阪剛さんのアライアンス。

神龍　そこのキッズクラスにキックとレスリングがあって、同じ会費でできるんだったらみたいな感じで、また両方やり始めたんです。

——そこでお父さんは「うわ、本物のTKだ」と盛り上がるわけですよね？（笑）。

神龍　盛り上がっていましたね（笑）。当時のボクは髙阪さんのことはわからなくて、「ごつい人だな」ぐらいの印象でしたけど、お父さんは「本人が教えるんや」みたいな感じで目をキラキラさせていたんじゃないですかね。それでキックとレスリングをやりながら、大人の柔術クラスにも参加するようになって。

——それがまだ小学生ですよね。

神龍　小5〜6とかですね。

——その、震災のときはどうだったんですか？　ご自宅はがっつりと被災された感じですか？

神龍　家が傾きましたね。「半壊」っていう括りになるのかな。

——そのとき、近所の方たちもみなさんどこかに引っ越しをされたんですか？

神龍　いや、だいたいリフォームとかですね。あのときって「またすぐにもう1回地震が来たらヤバいぞ」みたいな感じがあったじゃないですか？　っていうので、ウチは引っ越しを考えたっていう。

——その当時は神龍さんは10歳で、あの衝撃的な地震と津波が襲ってきたとき、どんな思いでした？

神龍　「ああ、もう俺は10歳で死ぬんか……」って。あの日、たまたまボクは学校を休んでいて家にいたんです。そうしたらガタガタと揺れたので、すぐに「外に出るぞ！」となって、みんなで道路の真ん中まで走って行ったんです。そうしたら電柱がめちゃくちゃ揺れてるんですよ。その電柱が倒れてきたら危ないから家族でお互いに「そっちを見とけ」みたいな。本当に死ぬかと思いましたね。

——小学生で死を意識するみたいな体験って、そうそうあるものじゃないですよね。

神龍　あれよりも怖い経験をしたことはないと思います。「人間はいつか死ぬ」ということをダイレクトに感じた。10歳ながらにそれを感じましたね。死ななくてホッとしたっス。

「中2のときに髪を染めたまま学校に行ったら怒られて、『坊主にしないと入れない』と言われたので転校しました」

——震災があってから茨城に引っ越すまではどれくらいの期間があったんですか？

神龍　どのぐらいだろ？　半年以内には引っ越したと思います。

——どうして引っ越し先が茨城だったんですか？

神龍　それはお父さんが考えたんです。聞くには、ボクに格闘技をやらせたかったたって。

——えっ、本当ですか？　そこでも息子の格闘技環境を考えていたんですか？

神龍　関東には格闘技ジムがいっぱいあるっていうので、そこに行かせたいというのがあったらしいんですよ。

——完全に息子ファーストですね。

神龍　お父さんも地元での仕事がなくなったので。

——お父さん、そのあとの仕事はどうしたんですか？

神龍　いえ、逆になったんです。お母さんが働いて、お父さんがボクの面倒とかをみるっていう。

——ジムの送り迎えだったり、ご飯を作ったりとか。

神龍　っていう感じです。

——そうなると薄々感じますよね。「お父さん、俺を格闘家にしたいんだな」って。

神龍　どうだったんだろう？　その頃の記憶がそこまで……。ボク自身はただ近くにある試合で勝つことしか考えていないんで。

——その頃はまだ突き抜けた強さを持っていたわけではないですよね？

神龍　全然です。だから、そこまでお父さんがボクに懸けたっていうのが信じられないんですよ。エリートで、ずっといちばんの子だったら懸けてみようとなるのはわかるんですけど、ただの凡人、なんなら平均よりも弱かったボクにそこまでする意味があるのかなって。

——結果、意味があったということですね。

神龍　それで言うと、見る目があったんじゃないですかね。

——親子間でスパルタ的なことはありました？

神龍　あったんじゃないですかね。練習は絶対行かされるし。あんまり手とかは出なかったですけど、どっちかというと言葉がでかいですかね。「おまえ、才能ねえよ。辞めちまえよ」とか、そういうほうが傷つきました。

——いちばん嫌な時間は、試合で負けて帰るときの車中だってよく言いますよね。気分を変えたいときに親からチクチクと説教されるっていう。

神龍　そうそう。それはもう、あるあるですよね（笑）。

——でも、お父さんのことは嫌いではなかった？

神龍　そういうときだけは嫌いでしたけど、なんだかんだで仲はいいんでしょうね。

——中学校も茨城ですか？

神龍　いや、そのあと千葉のほうに引っ越したので、中学は千葉です。柏に行く前に1個挟んでいて八街市に住んでいたんです。それで中学で柔道部に入ったので、そのタイミングで1回格闘技をやめるんですけど。

——それは学校の部活がやりたくなって？

神龍　柔道部の体験に行ったときにめっちゃ褒められて、「じゃあ、柔道やろう」ってなって。そのときに格闘技を1回辞めて、でも、またすぐにやりたくなって戻った感じですね。

——柔道は中学3年間やったんですか？

神龍　やっていないです。2年生のときに髪を染めたんですよ。それで学校に行ったら怒られて「坊主にしないと入れない」って。それで転校しました。

——えっ!?　柔道部を辞めたんじゃなくて？

神龍　学校を転校です。べつに柔道にそこまで未練もなかったし。

「ノア所属のときのKENTAさんとお会いして、それから初めて会場にノアを観に行ってプロレスにハマったんです」

——いやいや、中学生だから、お父さんとかお母さんが「だったらあんた、坊主にしな」とかそういうアドバイスが入るじゃないですか。

神龍　でもボクは「嫌だ」って。

——そうしたら「じゃあ、転校するか」と？

神龍　そもそも、柔道部があるというので、わざわざ家から遠い学校に通っていたんですよ。だから、もうべつに近くの中学でいいかなって思って。

——ああ、そもそもが越境なんで、本来の学区の中学に通おうと。

神龍　戻ったんです。

——でも、そんな理由で転校って狂ってますね（笑）。

神龍　まあ、狂ってるんじゃないですかね（笑）。

——それは誰が狂ってるんだろう？　親が狂ってるのかと思ったら、本人もちょっと狂ってますよね。

神龍　中学自体は普通に楽しかったですけど、たぶん柔道が向いていなかったんです。

——髪を染めた理由は？

神龍　当時はパラエストラ柏に通っていたんですけど、その選手が髪を染めていてカッコいいじゃないですか。だからボクも夏休みに染めたりして、夏休みが終わったら染め直せばいいと思って黒染めをしたら、色がちょっと茶色っぽく残って、何回黒染めしてもそれ以上戻らないから、どうしようもないでしょう、と思って。

――それで家の近くの中学に転校して、また格闘技一本に戻り。パラエストラ柏ではKENTA選手の息子さんもレスリングをやっていましたよね。

神龍　あっ、そうです。

――お父さんはまたそこでテンション上がりますよね（笑）。

神龍　そうですね。「サインもらってこい」って（笑）。

――アハハハハ。「WWEに行ってもがんばってください」みたいな時期ですよね。

神龍　まさにそういう感じでした。ノア所属のときに初めてお会いして、それから初めてノアを観に行ってプロレスにハマったんです。それまでは家でもプロレスとか格闘技を観させられていたんですけど、テレビだと迫力とかがあんまり感じられなかったのでそこまで興味なくて。だけど生で観たら「うわ、これカッコいい！」と。だから中2ぐらいから「プロレスラーになりたい」と思っていました。

――お父さんも喜びますよね。

神龍　たぶん喜んでいましたね。それでノアに履歴書も送ったんですけど、普通に落ちましたね。丸藤（正道）さんから電話が来て「また2年後に応募してくれ」って言われて。

――えっ、丸藤さんから直で。それはあと2年かけて、もっと身体を鍛えろってことですか？

神龍　たぶん。成長期のタイミングだったので。それで中2ぐらいからはもうプロレスラーになるって決めたので、学校もそんなに真面目に行ってないというか、ちょいちょい休むし、毎日遅刻するし、みたいな。

――そこはちゃんとできなかった？

神龍　いや、練習を優先したんです。もうプロ練に混ぜてもらっていたので、そうしたら夜11時とかまでやるので遅いんですよ。だから家に帰って寝るのは夜中の1時とかになっちゃって、朝学校に行こうと思ったら7時起きじゃないですか。それがきつくて普通に遅刻して行ってましたね。

――睡眠も大事ですからね（笑）。

神龍　寝不足だと練習に集中できないんで。

――じゃあ、その頃はプロレスラーになるための強さを、格闘技の練習で手に入れておこうという考えですか？

神龍　「これをやっておけばなんでもできるっしょ」みたいな感じで思っていました。寝技にしても打撃にしても、全部対応できるじゃないですか。だからやっておいて損はないと。

ASIA
インピタリ
トリートメン
FULL
COUNT
THE JEANS MAKER
稲垣組
RIZIN
ISAMI

「プロレスは30歳くらいになって総合を引退してからやってもいいかなと。全然なくはないと思います」

――でも丸藤さんから「また2年後に」という返事が来たときはどう思ったんですか?

神龍　「マジか。じゃあ、総合やるか」と。だから高校に行くという選択肢もあったんですけど、お父さんは「高校は行かなくてもいい。すぐ総合をやったほうがいいんじゃない?」みたいな感じだったんですよ。ボク的にもその2年で総合を2～3戦やって、ちょっとアピールしたらプロレスに入りやすいかな、みたいな。

――そこでもまだ夢はプロレスラーなんですね。総合をやって、試合にも出るけど、ゴールはプロレス。ちょっとプロレスに肩書きとかお土産を持っていこうみたいな。

神龍　最初はそういう感じでした。だってプロレスラーになりたいのに「すぐにはなれません」って言われても、「じゃあ、総合格闘家になろう」っていきなりは切り替えられないじゃないですか。

――レスリングの体験で蹴りが出ますからね。いつも切り替えがなかなかうまくいかない(笑)。

神龍　そうかもしれないです(笑)。

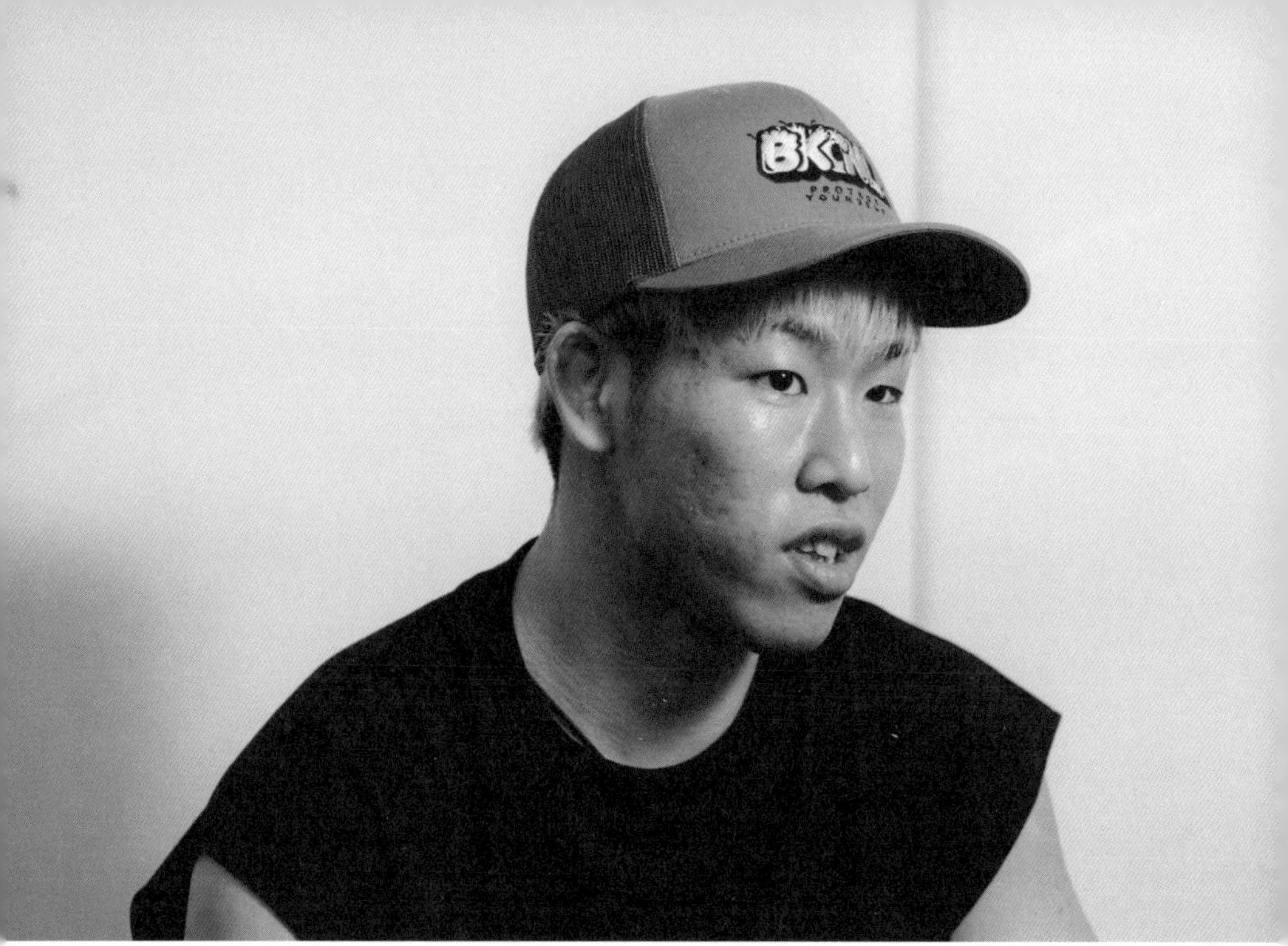

——「高校は行かなくていい」と親のほうから言ってくるのも珍しいですよね。

神龍　高校に行くと遊んじゃって、真剣に格闘技ができなくなるんじゃないかと思ったみたいです。だったらバイトをしながら、パラエストラで練習したほうがいいんじゃないかと。

——お母さんも「どうぞ、お好きに」という感じだったんですか？

神龍　お母さんは「高校には行ったほうがいい」って。お父さん以外は、親戚とかも「高校は行っておいたほうがいい」と。ボクもそっちの意見にちょっと揺らぎそうになったんですけど、お父さんが「いや、行かなくていい」と。

——ブレないですね（笑）。中学時代は柔術やレスリングの大会に出て、卒業して２０１６年4月にパンクラスでデビューですよね。

神龍　〝15歳でプロデビュー〟ってけっこう凄いことじゃないですか？　だから最初はもっとチヤホヤされるのかなと思っていたけど、意外と全然話題にならなくて。だからすぐに日の目を見たわけではないと自分では思っています。

——リングネームの神龍というのは『ドラゴンボール』から取ったんですか？

神龍　いや、違います。ボク、辰年なんですよ。それでまず「龍」を入れようというのがあって、龍の上に何かつけようみたいな感じで。

――でも「天龍」じゃ畏れ多いし（笑）。本名は嫌だったんですか？

神龍　もう中学のときにリングネームは考えていて、そこでもう「神龍誠」に決めていたと思うんですよ。

――あっ、プロレスラーになろうっていうときですね。

神龍　だから神龍誠でサインとかも練習で書いたりしていましたね。いまはそれを使っていないですけど。もうこの名前も馴染んできて、本名の「高橋」って呼ばれないですからね。

――地元に帰っても？

神龍　地元に友達いないんで（笑）。もう友達はほぼこっちですね。

――長州力がもう「吉田さん」とは呼ばれないのと一緒ですね。長州さんが吉田光雄のままだったら、あそこまでブレイクしていないかもしれないですもんね。

神龍　名前は大事ですよね。最初は「なんだ、神龍って」ってめっちゃ笑われたんですけど。

――ちょっとホストクラブ的なセンスでもありますからね（笑）。

神龍　言われてみればそうかもしれないです（笑）。

――それでデビューから7戦負けなしで、18歳でDEEPフライ級王者となり。最終目標だった、プロレスラーになるという夢が消えたのはいつぐらいですか？

神龍　いや、いまでも30歳くらいになって引退してからやってもいいかなとか。

――あっ、まだプロレスラーになりたい。

神龍　総合をやっているうちはどうなるかわからないですけど、全然なくはないと思います。

「天心さんという存在は刺激になるっスよね。バンバンお金も稼いでいて、早くボクも稼ぎたいな、目立ちたいなって」

――へぇー！　松戸のTEPPEN GYMとも関係が深いですよね。

神龍　（那須川）天心さんが2016年の年末にRIZINでMMAをやることが決まって、そのタイミングでパラエストラに練習に来たんですよ。ボクはそのときにプロ練で練習していて、「おお、那須川天心じゃん」っていうのが最初の出会いです。

――それで自分もTEPPENにキックの練習に行こうかと。

神龍　そうです。

――そこで交流が生まれたんですね。両ジムは距離的にも近いし。

神龍　原付で行ける距離だったんで。それでTEPPENに練習に行って、ミットを持ったりとか一般会員を相手にトレーナーもやるようになってみたいな。

——トレーナーもやることになったのはどういうきっかけですか？

神龍　その頃は宅急便とかのバイトをしていたんですけど、ほかのことをやれるんだったらやりたいと思っていたときに、会長（那須川弘幸）から「じゃあ、ウチでバイトするか？」って言っていただいて。

——それである意味、格闘技だけで飯を食うという理想の生活ができるようになった。

神龍　それはめっちゃ思ったっス。あのタイミングでミットをできたのはよかったと思います。

——やっぱり那須川天心という存在は、身近にいて刺激になりました？

神龍　刺激になるっスよね。バンバンお金も稼いでいて。早くボクも稼ぎたいな、目立ちたいなというのはありましたね。天心さんは先の景色を見ている感じなんで。

——5年間在籍していたパラエストラを辞めた理由はなんでしたっけ？

神龍　まあ、負けたんで環境を変えたいというのもありましたね（2018年4月28日、DEEPフライ級タイトルマッチで王者・和田竜光に判定負け）。それでフリーになって、いろんなところに出稽古に行くようにして。

——いまも続いているスタイルですね。宮城に神龍ワールドジムができたのが2021年5月ですけど、それはどういう思いからジムを作ったんですか？

神龍　ジムを作るなら宮城に出したいっていうのもあったし、コロナ禍というタイミングもあったんです。とにかくやることがなかったので、家族とかと話し合って。

——いま作っちゃうか、みたいな。

神龍　みたいな感じだったですね。でも宮城に戻るのは週末だけで、平日はこっちで練習をしているので。

——週末は指導で戻るんですか？

神龍　指導です。あとは宮城の高校だったり柔術のジムに行ったりとかっていう感じですかね。

——実家がまた宮城に戻って、週末は実家暮らし。東京での生活はどうしているんですか？

神龍　千葉にアパートを借りています。それで練習はPOLAR GYM、TRIBE TOKYO、CUTE、TEPPENとかでやっていて。

——じゃあ、二重生活みたいな感じですね。

神龍　ですね。たぶん、こっちでジムを作るほうがむしろ簡単だったんですけど、でも出すんならやっぱり宮城でという思いが強かったですね。

——ひとつのジムに所属して、そこを拠点として練習するよりも、いまのスタイルのほうが自分に合っている感じですか？

神龍　たぶん人によって合う、合わないがあると思うんですけど、ボクはいろんな選手と練習したほうがよくて、それは慣れちゃうのが嫌だからなんです。ずっと同じチームにいたら、お互いに動きがわかりきっちゃうじゃないですか？　それよりは、いろんなタイプを経験できるほうが試合にも活きるじゃないですか。

——そっちのほうが強くなれると。

神龍　わからないですけど、実際に強くなっているので。もしかしたらボク専属のトレーナーが付きっきりでいたらまた違うかもしれないですけど、それもやってみないとわからないので。

「悪い言葉を使って相手をディスるようなことはもうやめました。思っていることをそのまま言っているだけです」

——ずっとひとりで行動されているわけですよね。

神龍　そうですね。でも練習仲間たちがアドバイスをくれたりするので、そういうのを自分なりに吸収というかアレンジして、「ここ使えるな」と思ったら使ったりとか。

——フリーとして、いま誰の言葉をいちばんよく聞いていますか？

神龍　それで言うと、本当にみんなですね。「たしかに」っていうのもあれば、「ちょっとそれは違うかな」と思うのも、みんなそれぞれにあるじゃないですか。そのいいところを取ってという感じです。だから誰かに固執して、この人の意見を聞いているというのはないですね。本当に一緒に練習している人と「ここはどうでしたか？」みたいな意見の交換だったりですよね。

——現役のファイター同士で。

神龍　引退している人だったら、上田将勝さんとかに話を聞いたりはしていますね。

——でも神龍選手が出稽古に来てくれるといい練習ができるから、相手先のジムもうれしいですよね。

神龍　まあ、チャンピオンだし（笑）。

——だから大事に扱われているんでしょうね。「次はいつ来る？」みたいな。

神龍　そうかもしれないです。悪い扱いはされていないですね。でもボクが弱かったら、みんなもっと適当に扱うのかもしれない（笑）

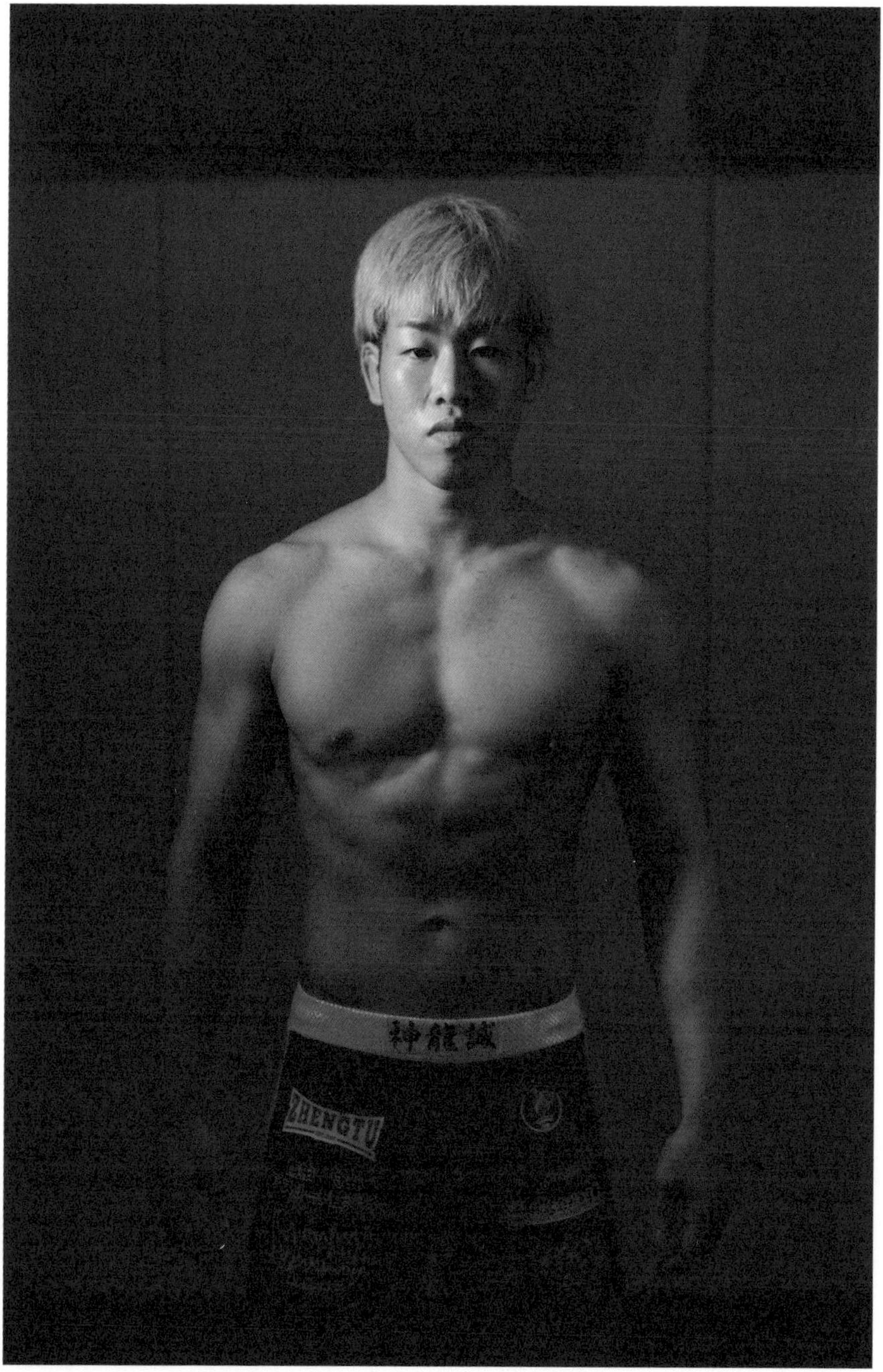
神龍誠

――それで今回、7月30日に『超RIZIN.2』で堀口恭司選手とベラトールの初代世界フライ級王座をかけて闘うわけですけど。堀口選手にはどういう思いがあります？

神龍　ずっとトップで走ってきた選手というのはもちろんわかっています。

――あこがれの目で見ていたりはしなかったですか？

神龍　まあ、カッコいいな、凄いなっていうのはもちろんあります。

――その凄くてカッコいい人を倒すのが自分の仕事、みたいな。

神龍　逆にいま倒すんだったらボクしかいないんじゃないですか？　日本人だと、たぶん堀口選手には勝てないじゃないですか。そこで唯一ボクが勝つのはストーリーとしていいんじゃないかなって。

――ストーリー。

神龍　まあ、堀口選手もちょっと変な選手に負けるぐらいだったら、ボクに負けたほうがいいと思うんです。ボクにしっかりと負けるっていうのは納得がいくんじゃないですか？　と思うんですけどね。で、そこからボクが世界に行けばいいわけで、これからはボクが格闘技を背負ってがんばりますよ、という感じでいいと思うんです。アメリカでも防衛戦をやることになるでしょうし。

――いわゆるビッグマウスというか、ちょっと煽るような発言はどこまで計算して話してるんですか？

神龍　煽る？　何か言いましたっけ？　いや、煽っているんじゃなくて思っていることをそのまま言っているだけっていうか。そりゃ普段の生活では言わないですけど、やっぱり思っていることを言ったほうが試合は盛り上がるじゃないですか。

――本当に思っていることをそのまま言っているだけ。

神龍　そうです。ここでボクがただ「堀口選手、めっちゃ大好きです。試合ができて楽しみです。よろしくお願いします」って、そんなの誰が見たいんですか。ボクはそう思うんです。

――所英男と対戦後に「〝オヤジ狩り〟とか、そういう言葉はもう使わないと約束して」と言われたんですよね。

神龍　所さんに言われましたね。「本当にそういう目に遭って、つらい思いをした人がいるんだから」って。だからそういう悪い言葉を使って、相手をディスるようなことはもうやめました。

――なんで所選手のその言葉を受け入れることができたんですか？

神龍　リング上で「約束してくれ」って言われたて「はい」って答えちゃったので、「約束したしな」と思って。その約束を守っていて、人をディスるようなことはあれから言っていないです。ボクは本当にオヤジ狩りというのがあった時代のことを全然知らなかったので。

「3年あればUFCのチャンピオンはいけるんじゃないですかね。それでも26。いちばんちょうどいいんじゃないですか」

——目標はどこに設定しているんですか？

神龍　UFCのチャンピオン。

——UFCのチャンピオン、すなわち世界一強い男になるために練習して、試合をやっている。

神龍　でもそれは最終目標なので、とりあえず一戦一戦を見ています。上ばっかり見過ぎてもあれなので、ちゃんと目の前のことをやる。そうしたら、自然とその結果に行くと思っています。

——UFCのチャンピオンになるためには、あとどれぐらいの時間だったり、強さが必要だと思っていますか？

神龍　どうなんですかね、3年？

——3年あれば、自分はそれだけの強さを手に入れられる。

神龍　いけるんじゃないですかね。それでも26だし。いちばんちょうどいいんじゃないですか。

——ここからの3年は、どういう時間の過ごし方が必要になるんですか？

神龍　フィジカル面とか。いまはトレーナーがいるんですけど、ちょっとずつ身体が馴染んできて、それがまだ伸びしろが凄くあるんです。

——ここがマックスではないと。

神龍　全然マックスではないし、ここから身体能力も上がるし。あとは技術面もやっぱり上がってくるんじゃないですかね。やればやるほど技数とかが増えてくるんですよ。

——フィジカルと経験値を同時に上げていく。

神龍　だからボクの伸びしろは凄いなって自分で思うし。ボクのファイトスタイルって確立していないんですよ。完全にこれっていう感じじゃなくて、いろんなパターンができたりするんです。だから、いろんなパターンでの伸びしろが全部あるし、たとえば平良（達郎）選手だったら、あの型がもう決まっちゃっているんですよ。けっこう、もうあれでたぶん8割9割ぐらい完成だと思うんですけど、ボクの場合はまだ5割6割ぐらいの完成度だと思うんです。それで言うと、完成度が上がればさらに強くなっていくと思います。まだ22なんで。

——まだファイトスタイルが固まっていない。

神龍　まだ自分の得意技とかもわからないですからね（笑）。そのときどきの流行りで変わるんですよ。この前の肩固めなんて試合で決めると思っていなかったですもん（4月1日『RIZIN.41』北方大地戦）。でも「たしかに最近練習でやってたな」みたいな。ボク、たぶん天才なんですよ。

——他人をディスるのはやめたけど、自分のことはずっと讃え続ける（笑）。たぶん自分で言うくらいだから天才なんでしょうね。

神龍　天才（笑）。でも本当に自分でそう思っています。なんでもできちゃう。

——北方戦の前の、アメリカのCFFCの王座決定戦で勝ったときのニンジャチョークもヤバかったですよね。3回転して。

神龍　あれ、たぶんボクにしかできないんじゃないですか？

——練習でもやってました？

神龍　練習だと途中で相手がタップするんで、あそこまで回転することはないですけど、相手の回転に合わせて自然とついていったらああいう技になりましたね。1回目は逃げられたんですけど、「ああ、こっちに逃げるんだ。じゃあ俺はそのまま回ってみようかな」っていうので追いかけていったらフィニッシュして。

——さっき平良選手の名前が出ましたけど、やっぱり意識してますか？

神龍　そうですね。同世代で先にUFCに行ってるので。まあ、べつにそこまで意識っていう意識はしていないですけど、いつかやるのはわかっているんで、組まれたら倒すよ、っていう。

——ボクは今日、天才とお話をさせていただいているんですね。いい日だ（笑）。

神龍　いやいや（笑）。

——でも子どもの頃は、自分が格闘技に向いているなんてまったく思っていないわけじゃないですか。人よりも身体が弱くて。

神龍　わからなかったですね。全然勝てなかったし。

——それがここまで強くなれたのは、努力の積み重ねによるものなのか、それとも最初からお父さんにはその素質がわかっていたのか。

神龍　「わかっていた」って言うんですけどね。

——お父さんもちょっとビッグマウスだったりはしないですよね？（笑）。「こうなることは俺にはわかっていた」と言ってます？

神龍　言ってます。「なんでわかったの？」って聞いたら、幼稚園くらいのときにボクに初めてキックミットにハイキックを蹴らせたらしいんです。そのときに……。

——「これは」と。

神龍　「これは」と思ったって。本当か嘘かはわからないっス（笑）。

神龍誠（しんりゅう・まこと）
2000年7月5日生まれ、宮城県仙台市出身。総合格闘家。神龍ワールドジム所属。
本名・高橋誠。小学生の頃から格闘技に触れ、アマチュアシュートボクシングやレスリング、柔術の大会に出場して活躍。中学卒業後にプロ格闘家となり、2016年4月24日、15歳にしてパンクラスにおける前野辰一戦でデビュー。以降、デビューから7戦無敗の戦績で2018年4月28日、DEEPフライ級タイトルマッチに挑戦するが、王者・和田竜光に0-3の判定負けを喫する。2019年6月29日、DEEPフライ級暫定王者決定戦で柴田"MONKEY"有哉を破り、DEEP史上最年少となる18歳で王者となる。その後BELLATOR JAPANで中村優作、RIZINで伊藤盛一郎を破り、2022年5月9日、DEEPフライ級王座統一戦で暫定王者の藤田大和に一本勝ちを収めて王座初防衛と王座統一に成功。2022年7月31日の『RIZIN.37』で所英男に判定勝ち。同年11月10日、CFFCフライ級王座決定戦でディエゴ・パイヴァに一本勝ちをして日本人初となるCFFC王座獲得。2023年4月1日、『RIZIN.41』で北方大地から一本勝ちを収めている。

第137回 師匠と再会

椎名基樹

椎名基樹（しいな・もとき）1968年4月11日生まれ。放送作家。コラムニスト。

約25年ぶりに懐かしい顔に再会した。それは私の師匠と兄弟子たちだ。師匠とは、元修斗世界ランカーの大河内衛である。

大河内さんは、いわゆる初代シューターと言われる世代の選手（厳密に言えば、初代シューターを先輩に持つ）である。

彼は、あのYouTubeに残る伝説の修羅場、佐山聡が竹刀で生徒を打ちのめしながらブチ切れる、地獄のシューティング合宿にも参加していたという強者なのだ（今回、その合宿について尋ねてみたら、あの動画の合宿の前の合宿でも、同じように、佐山聡はブチ切れていて、うかつにキックを披露すると処刑されることを知っていたので、おとなしくしていたそうである笑）。

私は25年前に大河内衛を師匠にMMAを教わり始めた。そうなることとなる経緯が、いま思い出すと出来過ぎていて、ドラマのささやかなストーリーのように感じる。

25年前のその頃、私はなすすべもなく柔術家に敗れる、日本人プロレスラーを見ているうちに、何だか知らないけれど、無性に総合格闘技を習ってみたくなった。

私はシューティングジム大宮に電話をかけて、都内から通える修斗の道場を尋ねた。すると、電話に出てくれた人が、それならば「大河内軍団」というのがあるので、そこに行けばいいと教えてくれた。

興味本位で総合格闘技を習いたいという者に、いわば格闘サークルを教えてくれるなんて、なんて親切で適切なんだろう。

まあ、実際にその時、都内に修斗の道場がなかったのだけれども。それでも、アマチュアサークルを紹介してくれるなんて、なんとも牧歌的でいい時代だったなと思う。

また、そのようなサークルが存在していたことは、私にとっては、いい出会いを与えてくれた、ささやかな奇跡のように思える。

大河内軍団は三軒茶屋にあったシューティングのジムが閉鎖されてしまったことに伴い、そこの先生だった大河内さんが、引き続き生徒たちを面倒をみる形で始まった、無償の格闘サークルである。

ちなみに、大河内さんの前の三軒茶屋道場の主は坂本一弘、その次が朝日昇だったそうな。

この流浪の格闘集団は、毎週日曜日の午後1時に、高田馬場駅の戸山口で待ち合わせて、日本の総合格闘技の梁山泊・新宿スポーツセンター（通称スポセン！）で、練習をおこ

なっていた。

携帯電話がない時代の話である。彼らが、待ち合わせの時間と場所だけ決めて、数年に渡って約束を果たしていることが、私にはなんだかおとぎ話のように感じられた。

新宿の片隅で、ただ趣味を同じくする者が、約束を継続しているところが、なんだか美しく思えた。それは、大河内さんの優しい人柄に惹かれて、チームがひとつにまとまっていることが、大きな理由になっていた。

新宿スポーツセンターといえば、日本の総合格闘技にとって、伝説的な場所である。その伝説の主役は、菊田早苗率いるグラバカ勢であろう。彼らとは遭遇した事はなかったが、今成正和などはよく見かけた。

総合格闘技に惹かれ、スポセンに集った、すべての人の純粋な気持ちが、やがて日本の総合格闘技シーンになった。それはUFCの再興にまでつながっているように思う。

まだ何者でもない人たちが、数百円の使用料を払って、練習していたことが、その後、世界的な大きなシーンにつながっていった。あの時代のスポセンを見られたことは、いま思えば、伝説の中に迷い込んだような甘美な記憶だ。

かくして、私は大河内軍団の一員に入れてもらい、毎週練習するようになった。大河内軍団の面々は非常に強かった。

大河内軍団から選手が出場するので、東京体育館で開催された全日本アマ修斗の大会に行ったことも、強い思い出として残っている。

宇野薫が出場していて、鮮烈な印象を残した大会だったと記憶する。その後、宇野薫はプロデビューして、あれよあれよという間に、佐藤ルミナから2連勝して、あっという間に総合格闘技の軽量級の主役への座を奪ってしまった。

大河内軍団最強の男、西野さんは、大宮フリーファイトで、宇野薫と対戦した。極めることはできなかったものの、三角絞めの形まで入ったからすごい。格闘サークルの選手が、その後の世界的な選手と闘えるのだから、夢がある。

今回、大河内軍団の面々と再会できたのは、Facebookで私を見つけてくれた大河内さんが、20数年ぶりの邂逅に呼んでくれたからだった。テクノロジーの進歩は素晴らしい！

私は、総合格闘技を習い始めて1年間あまり猛烈に練習して、大宮フリーファイトに出場して燃え尽きてしまい（笑）、格闘技を辞めてしまった。そんな中途半端な私に今回声をかけてくれて、仲間として迎えていただきとても光栄だ。それでも会った瞬間に、昔の感覚に戻れた。私でさえそうなのだから、より長く濃い時間を共に過ごした他のメンバーはなおさらだろう。

25年経って、みんな50歳を超えて、さすがにジジイばっかりだ。25年前は、自分の未来に無限の時間を有していると勘違いしていた。しかし、このトシになって、みんな（もちろん私も含めて）、社会人として生き残っていく苦労を身にしみて感じている。それが頭髪に、顔のシワに表れている。

大河内師匠は、真剣勝負の緊張感が恋しいとおっしゃっていた。彼ほど、感情移入して試合を観戦した選手はいない。大河内さんは、私たちの師匠であり、アイドルだ。師匠には一生闘ってもらいたい。

RUF
INSIGHT
ISAMI
RIZIN
RUF

凄絶な環境で生まれ育ち、
アブない街のケンカ屋だった男は、
本能的に闘っているように見えて
めちゃくちゃロジカルだった!!

「自分には特に才能がないっていうのは
中学生のときにわかっていたから、
じゃあ成功している人を
徹底的にパクろうと。
これだけ情報があふれている時代で、
ひとつのことで100点を取るよりも
60点のものをいっぱい作ろうって」

収録日：2023年6月29日
撮影：タイコウクニヨシ
試合写真：©RIZIN FF
聞き手：井上崇宏

KAMINOGE LOGICAL THINKING

キングオブストリートファイト

YA-MAN

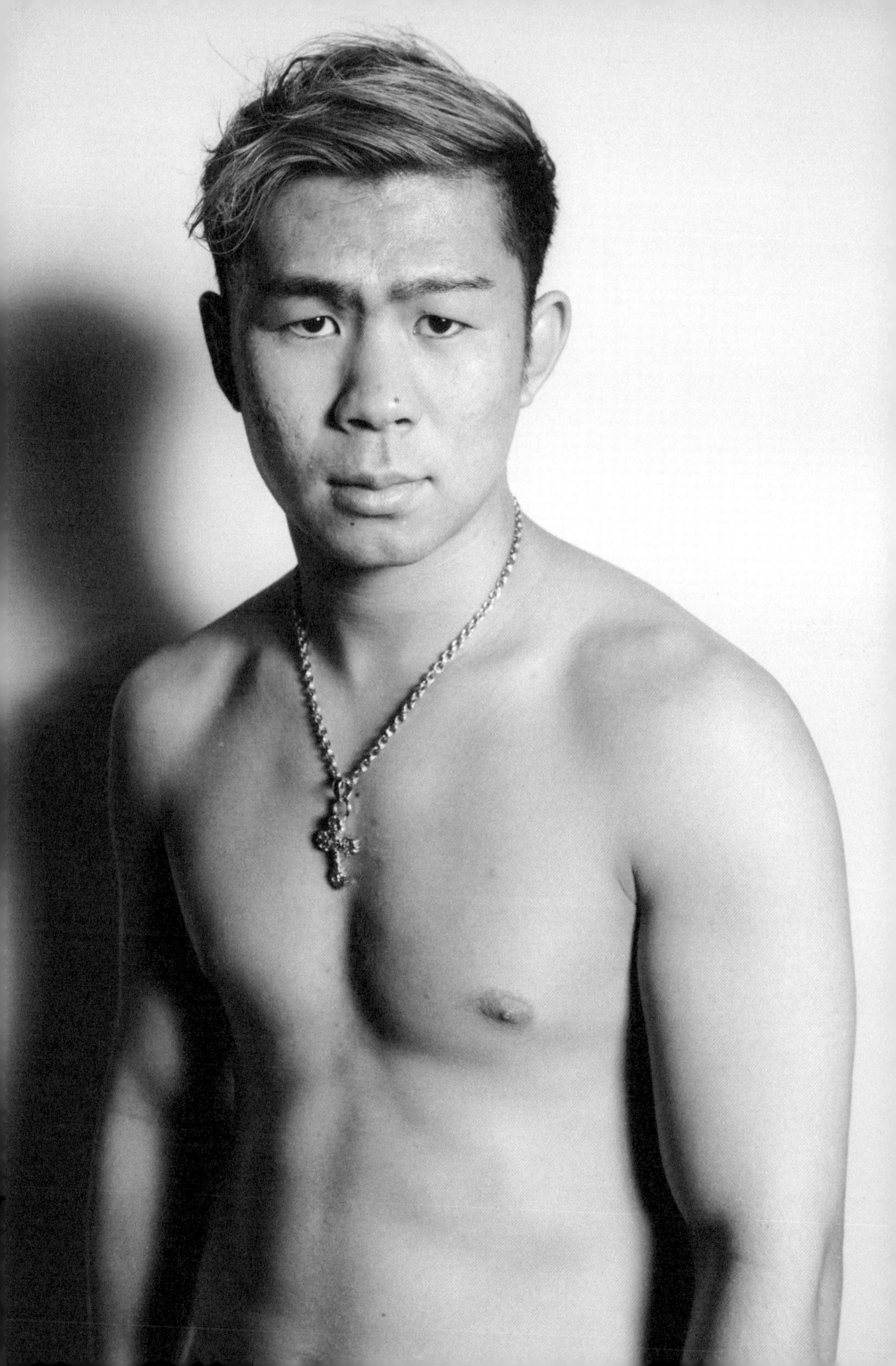

「自分はいたって普通の感覚です。幼い頃から格闘技をやってきたわけでもないから脳にダメージを受けていないし」

——YA-MAN選手とははじめましてですが、今日は頭がおかしいなっていう話をたくさんお聞きできたらと思います。

YA-MAN　自分、意外とけっこう真面目なんですよね（笑）。

——えっ？（笑）。普通のマインドをお持ちということですか？

YA-MAN　じつはそうなんですよ。たぶん普通の人と同じぐらい普通です。

——普通の人と同じくらい普通（笑）。

YA-MAN　自分の中ではめちゃくちゃ普通で、ほかの格闘家と比べても普通ですし、特に感覚がおかしいとかはないと思います。だから格闘家なのに本当に格闘家っぽくなくて……。

——申し訳ないですけど、格闘家っぽいですけどね（笑）。

YA-MAN　本当ですか（笑）　まあ、ほかの格闘家とは違う色を出せているのかなとは思いますけど、感覚はいたって普通です。やっぱり、幼い頃からずっと格闘技をやってきたわけでもないから、脳にダメージを受けていないんで。

——どなたか、幼い頃からダメージを受けているんですか？（笑）

YA-MAN　いやいや、みんな受けているんじゃないですかね（笑）

——自分って感覚的に普通の人間だなと気づいたのはいつぐらいですか？

YA-MAN　いや、普通の人とはやっぱりちょっと違うかもしれないです（笑）。

——どっち！　いま、普通の人前提でインタビューを受けなきゃいけなくなったことに危機感を覚えましたね（笑）。

YA-MAN　アハハハハ。ただ、本当に突出したものとかが何もなかったんですよ。小学生から野球をやっていたんですけど、それって自分が通っている小学校だけの世界だから狭いじゃないですか。

——その世界の中では野球がうまかった。

YA-MAN　小学校の中ではもう「俺はプロに行けるんだ」と思っていたんですよ。でも中学校に上がると、その世界が一気に広がって、いろんな地区の人とも試合をしないといけないですよね。自分はクラブチームに入って野球をやっていて、いろんな市から野球のうまい人たちが集まるクラブチームだったんですけど、そこに入ったときに「俺って才能ないのかな？これはプロは無理だな……」と思って。そこからですね。

——小学生のときは神童だったのに。

YA-MAN　那須川天心ぐらいの逸材だと思っていたんですけど（笑）。それがいざ中学校に上がったら、どうやらおかしいぞと。全然通用しないぞと。全然バットに球が当たらないぞと。これはちょっと俺は野球の世界では生きていくのは無理なんだなと悟って、たぶんそこですかね、「普通なんだな、俺」って思ったのは。中学生でいきなり世界が広がったタイミングですよね。

——プロ野球選手になろうと思っていた子が「野球、全然ダメじゃん」となったら、「じゃあ俺は何をやりゃいいんだ」とちょっと路頭に迷うというか。

YA-MAN　そうですね。だからプロ野球選手は無理だとわかって、そこからは金持ちになろうと思って。

——漠然と何かでお金儲けをしようと。

YA-MAN　とにかくなんでもいいんで、なんかで金持ちになれればいいや、みたいなのはありましたね。

——普通のサラリーマンとか、そういうイメージではなく。

YA-MAN　そういうサラリーマンになるとかはなかったですね。まわりに社長さんが凄く多かった幼少期だったので、漠然と「俺も社長になりたいな」みたいなのがあったですね。

——たしか土建とか建築関係の社長さんたちを見て、羽振りがよさそうだなと気づいたと。

YA-MAN　そうですね。お母さんがスナックを経営していたので、そこに来るお客さんで羽振りがよかったのが建設関係の人たち。

——声もでかいし、元気だし（笑）。

YA-MAN　そんな感じだったんで、「俺も将来はこんな感じでお金持ちになれたらいいな」みたいなのはありましたね。

「父親は会ってみたらマジでクソ野郎でした。お母さんの悪口を言ったりしているし、いつぶっ飛ばしてやろうかと」

——野球選手になりたい、何らかの形でお金儲けをしたい。そういう思いにいたった根底には、かなりヤバい家庭環境の中で生まれ育ったということも関係しているんですかね？　そのあたりのことをあらためて聞いてもいいですか？

YA-MAN　全然大丈夫ですよ。

——お父さんが覚醒剤の使用で逮捕されて、刑務所に服役していたというのはYA-MANさんがいくつくらいのときなんですか？

YA-MAN　いや、お父さんが服役していた時期ははっきりとはわからないんですよ。自分がお母さんのお腹の中にいる頃には、お父さんはもう家にはいなかったみたいな。だから自分が生まれてから、お母さんが勝手に離婚届を市役所に出しに行って。それって提出してから1年ぐらいの間にお父さん側が反対の意思を見せなかったら受理されるんです。それで、お父さんはそもそも家に帰ってこないんで。

ASIA
ASIA

——離婚届提出のことなどは知る由もないと。

YA-MAN はい。それで離婚届が受理されて、正式に離婚して、みたいな。だから服役したのはぶっちゃけ自分が何歳のときなんだろうっていう感じですね。

——ということは、そこはお母さんからも詳しくは聞いていない感じなんですね。

YA-MAN そうなんです。

——じゃあ、お父さんとは一緒に生活したことは一度もなく。

YA-MAN そうですね。だから初めて会ったのは、自分が二十歳になってからですよ。バイトとかをするときに住民票が必要なので取りに行ったら、本籍のところにお父さんの名前が載っていたので、その名前をFacebookで検索したら出てきて。

——現代では人探しもチョロいですね（笑）

YA-MAN それでメッセンジャーでメッセージを送って。その頃も自分は覚醒剤をやっていたことは知らなかったんです。

——あっ、そうなんですか。

YA-MAN それで返信が来て、本人と会って、そこで話を聞いて知ったという感じですね。まあ、本当に会わなきゃよかったっていう感じですけどね。でも会っておいてよかったのかな……。そういうのがあったからいまの自分があるのかもしれないですし。

——会ってみて、どうだったんですか？

YA-MAN 会ってみたら本当にクソ野郎だったんで。

——20年の時を経て、やっと会えたらクソだった。

YA-MAN マジでクソ野郎でした。会うたびにお母さんの悪口を言ったりとかしているし、そういうのが本当に嫌で、いつぶっ飛ばしてやろうかと思っていました。だから自分がそういう過去を知ったのは本人と会ってからですね。1回捕まったみたいなことを言うので、「なんで捕まったの？」って聞いたら「シャブで」って言われて。

——「えっ、シャブかよ」と。じゃあ、お母さんは本当にずっと黙っていたんですね。

YA-MAN そうなんです。だから父親から聞いたことをお母さんに言ったら、「とうとう知っちゃったのね……」みたいな。やっぱり親が犯罪者、自分は犯罪者の子どもっていうふうに思いながら育ってもらいたくなかったからずっと隠してきたけど、「アイツ、言いやがったか」みたいな感じで。そこからはお母さんからもいろいろ聞いたっスね。

——全貌を知れたのは大人になってからなんですね。じゃあ、子どもの頃は自分は母子家庭の子だくらいの認識で過ごしていた感じで。

YA-MAN お母さんがちゃんとしていたので、べつに生活が苦しいとかを感じたりとかもそんなになかったんですけど、振り返ってみるとお母さんは身内がひとりもいなかったんで、めちゃくちゃ大変だったと思います。おじいちゃん、おばあちゃんが養育費を持って飛んじゃうし。

――あー、それがマジでわからないんですよ。YA－MANさんの両親が離婚したときに、お父さん方のおばあちゃんがいわゆる資産家で、離婚の慰謝料としてお母さんに何千万かを用意してくれたんですよね。

YA－MAN　そうです。3000万ぐらい。

――3000万！　それを？

YA－MAN　その3000万を、お母さんのお父さんとお母さんが持って夜逃げしちゃったっていう。

――なんだそれ!?　もう完全に消えたんですか？

YA－MAN　消えちゃいました。

「お母さんの彼氏もけっこうヤバいヤツだったんです。だから自分は1歳とか2歳ぐらいの頃から暴走族の集会とかにも行っていて」

――いまだにですか？

YA－MAN　はい。

――お母さん方の祖父母は、生活が苦しい感じだったんですか？

YA－MAN　そのとき自分は3歳ぐらいだったんであんまり記憶にはないんですけど、のちのち話を聞いたら、不動産投資の詐欺にだまされて、財産すべて失ったみたいなのがあったらしくて、その金を全部そこに充てたみたいですね。

――娘に渡すはずのお金を持って逃げるというのはちょっと、なかなか強烈な話ですよね。

YA－MAN　おかしいですよね。

――いまのところ、お母さん以外の登場人物はみんなおかしいですね。

YA－MAN　そうですね。お母さん以外は全員おかしいですね。まあ、お母さんも多少変わっているというか、ちょっとファンキーなところがあるんですけど（笑）。

――ご兄弟は？

YA－MAN　お兄ちゃんがいます。あんまり気合いが入ってないんですけど。

――気合いが入ってない（笑）それで話を戻すと、中学でプロ野球選手になることをあきらめて、何かの社長になろう、何らかの形で金儲けをしようとなり。そこから高校は？

YA－MAN　高校には行ってます。高校2年生ぐらいまでは野球をやっていて、続けているうちにプロは無理だけど、特待生とかでいい大学に入ろうと思ったんですよ。

――野球の特待生で。

YA－MAN　プロは無理なレベルだけど、大学ぐらいなら行けると思ってたので。でも高校1年生の冬ぐらいにお母さんががんになって。そのときに「もしもお母さんが死んだら、誰が俺の面倒をみてくれるんだろう?」って。まだ子どもだったのでそんなことをいろいろ考えて、「死んだら俺はどこに行くんだろう?」とか。そこでやっぱりひとりで生きていく力をつけなきゃいけないなと思って、凄くいろいろと考えて、これは野球をやっている場合じゃないなと。それよりも現実的に自分で稼げることを身につけなきゃいけないなと思って、そこでまわりのお金を持っている大人の人たちは建設の仕事をやっている人が多かったから、自分もちゃんと勉強して建設系の道に進もうと思って、高校2年生ぐらいから勉強を始めるんですよ。それで大学の建設学科に進んだという経緯があるんですよね。

——その話の前に、すげえ地元でケンカしていたってことですけど、それはどの時期ですか?

YA-MAN 中1から高校2年生ぐらいまでですかね。中学に入学した2週間後ぐらいに……いや、もう小学校の頃からわりと地域で名前は売れていたから、よく中学生に絡まれたりしていたんですよね。だから市民プールで中学生に絡まれたときは武器で思いっきり撃退とかしていたんですけど。

——ビート板とか、やわらかい武器じゃなさそうですよね。

YA-MAN そういうことをしていたんで、わりと自分の名前は小学校の時から売れてて。それで、いざ中学校に入った2週間後ぐらいに1個上の先輩からいきなり呼び出されたんですけど、いまの試合のスタイルと一緒で、先にそいつがいるクラスに特攻しに乗り込んでいって、ぶっ飛ばして帰るみたいな。

——なんか、地域にひとりぐらいいる超ヤバいヤツですよね。

YA-MAN そうなんですよ。特に自分たちの世代ってあんまりヤンキーがいなかったんで。

——ひさしぶりに聞きましたよ、そんな話。

YA-MAN 基本はひとりで行動していたんですけど。そこから凄く名前が売れるようになって、先輩からは凄く嫌われていましたね。自分はタメとケンカしたことはないんですよ。先輩から「おまえは生意気だ」みたいなことを言われて、そいつらをどんどん狩っていくみたいな感じで。だから自分が中学3年生のときとかって、いちばん上じゃないですか? だからケンカする相手もいなかったんですけど、高校に入ったらまたイチからなので。

——狩るべき相手がいるわけですね(笑)

YA-MAN やり直しましたね。あとは高校からはバイクとかもあるんで、地域が広がるんですよ。

——狩猟のエリアが拡大した(笑)。でも、たとえば自分のお父さんに犯罪歴があるとかそういうことをいっさい知らずに育ったわけじゃないですか。そんなヤバいヤツになる理由って何かあったんですか?

YA–MAN　やっぱり家庭環境でしょうね。お母さんに彼氏がいて、それもけっこうヤバいヤツだったんです。

――その人と一緒に住んでいたりしたんですか？

YA–MAN　一緒に住んでいた時期がありましたね。だから自分は1歳とか2歳ぐらいの頃から暴走族の集会とかにも行っていて。

――行かないですよ、そんなの（笑）。誰と行ってたんですか？

YA–MAN　だから、そのお母さんの彼氏が元暴走族だったんで。家に子どもを置いていけないから一緒に。

「やっぱり勉強すればなんとかなると思ったんですよね。だからとりあえず勉強しよう、選択肢を広げようみたいな」

――それはお母さんも一緒に？

YA–MAN　はい、一緒に集会に。

――それは仲睦まじい、ちょっといい話ですね。

YA–MAN　よくないでしょ（笑）。

――よくないですね（笑）

YA–MAN　全然よくないですよ。大黒ふ頭でめっちゃ集まってましたもん。だからそういうヤバい環境で育ったっていうのは、たぶん自分がケンカに明け暮れるようになった理由としてありますよね。ただ、お母さんも誰も頼る人がいなかったので、そういう輪の中に入っていっちゃったというのはしょうがないと思うんですよね。やっぱり夜の世界の人ではあるし。そういうことも自分がいまの歳になってみてわかるっスね。

――でも、そんな環境でどうしてお兄ちゃんは気合いが入らなかったんですか？（笑）。

YA–MAN　なんなんですかね？

――お兄ちゃんも一緒に集会に行っていたわけですよね？

YA–MAN　一緒に行っていたんですけどね（笑）。ただ、自分のほうがお母さんの彼氏にいろいろ連れ回されてはいたんですよ。かわいがられていたというか。だからいろんな集会に行きましたから。

――いろいろ集会の掛け持ちをしているんですね（笑）。

YA–MAN　その人は旧車會も入っていたので、自分が3歳とか4歳ぐらいのときはうしろに乗せられて走っていましたね。だから、やっぱりちょっとおかしい環境で育ってきたかもしれないですね。

――そういう大人たちと行動を共にしていると、同級生の子たちとは話が合わなくなったりしますよね？　自分もちょっと大人びちゃうじゃないですか。

YA–MAN　そんな感じはありましたね。

――それで、お母さんもがんになられたりして。そこまでがまだ16～17歳の話ですもんね。

JUST LIKE BEING AWAKE IN A NIGHTMARE
HOLY SHIT!
HEAVEN
AND HELL

YA−MAN　そうですね。そのときはけっこう焦ったっス。
――もうふざけていられないぞ、っていう。
YA−MAN　本当に。「自分の力で生きていかなきゃいけないな」みたいなのはありました。
――でも、そこで勉強に向かったのは偉いですね。そういう選択ができること自体、頭がいいというか。
YA−MAN　やっぱり勉強すればなんとかなると思ったんですよね。お母さんもけっこう「勉強したほうが選択肢が広がるから」みたいに言っていて、自分も無知だったから真に受けて、じゃあ、とりあえず勉強しよう、選択肢を広げようみたいな。何事にも学力は必要だなと思って勉強を始めたという感じですね。
――それで普通に一般入試で東海大学に合格して。
YA−MAN　そうですね。一般入試で。
――勉強する前までは偏差値ってどれくらいだったんですか？
YA−MAN　25とか27とかそのぐらいでした。
――YA−MAN式はどんな勉強法だったんですか？
YA−MAN　それまではマジで勉強とかやったことなかったんで。
――まず「勉強とは何か？」からですよね。
YA−MAN　それで自分の場合は、とりあえずひたすら量をやる、でした。
――物量を詰め込む。
YA−MAN　詰め込む。ひたすら時間をかけて量をやって、1年間ぐらいは1日の寝る時間と飯を食う時間以外はずっと勉強していました。それで偏差値を30ぐらい上げて。
――凄いじゃないですか。だって偏差値25って、マジで「勉強ってなに？」からスタートですよね。
YA−MAN　そうですね。ABCをなぞるところから始めたんで、めちゃくちゃ時間がかかりました（笑）。

「たまたま大学にキックボクシング部があったから入って。とりあえず誰かを合法的に殴れればいいやっていう」

――「Aってこういう形なのか」みたいな（笑）。でも乾いたスポンジ状態で、いざ始めたら吸収が凄かったっていう。最初からやりさえすればできたということですね。
YA−MAN　勉強なんて、たぶんできない人はいないんで。
――いやいや、ボクはまったくできなくて、いまだに勉強のやり方がわからないです。最初から完全に建築のほうに進もうと思っていたんですか？
YA−MAN　そうです。「将来は建設会社をやろう」とずっと思っていて。しかもその頃は解体のバイトをしながら塾とかに行っていたので凄く現実味もあって。いろんな仕事に触れていくなかで「こういうことをやるんだな」みたいな。完全に建築に進もうと思っていましたね。

——しかも一級建築士。

YA-MAN いや、一級建築士の資格自体は自分は持っていないんです。一級建築士の受験資格を持っているっていう。大学の成績優秀者はその資格をもらえるんですよ。

——あっ、受験資格があるということですね。

YA-MAN 一級って本当はまずは二級建築士を取って、それから実務経験が2年か3年ぐらい必要なんですけど、大学の成績優秀者はその実務経験なしでいきなり受けられるっていう。

——じゃあ、本当に大学に入ってからも優秀だったんですね。

YA-MAN けっこうそうでしたね。わりと学年1位の科目とかも何個かあって。

——大学4年間もちゃんと建築を学んだんですね。

YA-MAN ちゃんと学びましたね。何かに対してがんばるっていうのが好きなんですよ。

——いざがんばるとなったら、とことんやる。

YA-MAN そのときは受験期間で勉強にハマって、「勉強って楽しいわ」みたいな（笑）。

——これ、やっただけ結果も出るぞと。

YA-MAN やればやるほど結果が出るんで凄く楽しかったですね。それで自分はけっこう「勉強してないよ」っていう態度だったんですけど、じつはめっちゃしてて（笑）

——コソ勉野郎だったんですね。

YA-MAN 「なんかできるんだよね。だって、こんなの高校でやったじゃん」みたいな感じでいたんですけど、じつはめちゃくちゃ勉強していたみたいな。

——勉強に向かわせるくれるきっかけとなったお母さんのがん発覚ですけど、その後、お母さんは無事だったんですね？

YA-MAN 手術で子宮全摘出して大丈夫だったんです。だから、たぶんいまも大丈夫です。

——結果的に、お母さんが身体を張って、息子が勉強に向かうように導いてくれたということですよね。

YA-MAN まあ、そうですね。いつでもけっこう身体は張ってくれています。

——キックは大学で始めるんですか？

YA-MAN そうです。大学にキックボクシング部があって。

——なんでキックをやろうと思ったんですか？

YA-MAN もともと闘うことが好きだったので、格闘技はやってみたいなと思っていたので。だから「なんかないかな？」みたいに探していたら、たまたま大学にキックボクシング部があって、ちょっと行ってみようと思って、そこで入ったのがきっかけです。

BEING AWAKE IN A NIGHTMARE
HEAVEN
AND HELL

——わりと格闘技全般が好きで、大学にキックボクシング部があったからキックボクシングというだけで、近所にMMAのジムがあったらMMAをやっていたかもしれないぐらいの感じですよね。

YA-MAN　まさにそんな感覚です。

——「俺はプロのキックボクサーになる」じゃなく。

YA-MAN　まったく。とりあえず誰かを合法的に殴れればいいやっていう。

「やっぱりこれからの時代は何をやるにしてもITを絡ませないとダメだなと。それでウェブマーケを学んだほうがいいなと思って」

——昔のプロレスラーみたいなこと言いますね。「人を殴ってカネがもらえるなんて」っていう（笑）。

YA-MAN　そんな感じです。

——でも、やってみたら、そっちも本気になっちゃったという感じですか。

YA-MAN　そうですね。何かに対してがんばることがあいかわらず好きで、がんばっちゃって。でも楽しいからやっていたというのはあるんです。楽しくて続けていたら、いつの間にかプロになっていたっていう感じです。もともとプロになる気はまったくなかったし、大学生の頃は「俺は絶対に建設の会社をやるんだ」としか思っていなかったので。

——それで卒業後にサラリーマンもやっていますよね？

YA-MAN　1回なったっスね。それもいろんな話があって、自分は19ぐらいの頃からTARGET SHIBUYAでバイトをしていたんです。それでTARGET SHIBUYAには経営者向けのキックボクシングクラスみたいなのがあって、自分がそのクラスを担当していたんですよ。

——ああ、インストラクターとして。

YA-MAN　自分としては、いつか経営者になりたいと思っていたので、それって凄くいい機会じゃないですか。それで、そこで仲良くなった経営者の方にけっこういろんなところに連れ出してもらうようになって、一緒にご飯に行ったりとか、ふたりで練習をしたりだとか。それで話をしていて「やっぱりこれからはITだ」みたいなことになったんですね。

——ほう。

YA-MAN　その方もIT系だったというか、「IT×人材」みたいな感じの会社を経営している方だったんですけど、話を聞いていたら、やっぱりこれからの時代はITを絡ませないとダメだなと。でもITってなんだ？ みたいになって。それで自分のスポンサーにウェブマーケティングの会社の人がいるんですけど、その人とも話していて、もし仮に自分が何かやりたくなったとき、「絶対にウェブマーケみたいなのを学んでおくといい方向に進むから」って言われたんですよ。「いまの時代、ウェブマーケティングができなかったら、ビジネスなんかできないから」みたいな話を聞いて、じゃあ建設をやるにしても何にしても、ウェブマーケを学んだほうがいいなと思って。

――YA－MANさんは性格が素直なんでしょうね。だから人の意見にまっすぐ耳を傾けられる。

YA－MAN　それで、TARGETの会員さんの中の経営者の方のひとりに「自分もちょっとウェブマーケを勉強してみたいんですよね」みたいな感じで相談したら、たまたまその人の会社がウェブマーケティングの会社で「ウチもウェブマーケティングの会社だから、面倒をみてあげるよ」みたいに言われて、その会社に入ったみたいな感じです。

――それは大学卒業と同時に？

YA－MAN　大学を卒業して2～3カ月後ぐらいからですね。

――じゃあ、就活はしていないんですね。

YA－MAN　就活はしてましたよ。それでゼネコンに内定をもらっていて。

――で、行かなかったんですか。

YA－MAN　行かなかったです。RISEの新人王トーナメントと就活が同じ時期で、「この試合に勝ったら内定を蹴ろう」みたいなのがあって、そこで勝っちゃったので内定を蹴ったら、決勝戦で負けるっていう（笑）。

――いい話ですね（笑）。

YA－MAN　そういう経緯があって、社会人の1個目はウェブマーケの会社でした。

――そこにはどのぐらい勤めたんですか？

YA－MAN　2年ぐらいですね。

――じゃあ意外と学んでますね。

YA－MAN　そうですね。上場企業の凄く大きな会社で、しかもいきなり社長直下で雇ってもらっていたので凄くいい経験でしたね。普通の22～23歳が学べないようなことを学べました。

――いろんな場面も見せてもらったり。こういう人とはこういう付き合い方で、こういう会話をするんだとか。

YA－MAN　それとか「こういう考えなんだな」とか。やっぱり考えを学べたことがいちばんいまにつながってるっス。社長さんにかわいがってもらうことが本当に多くて、そういう人たちと絡んでいると、だいたいみんな考え方とかって共通しているんですよ。

「自分はけっこう素直なので、とりあえず徹底的にいろんな各分野で成功している人をパクッていったんですよ。人生TTPです」

――成功者たちの共通点を見たんですね。

YA－MAN　それは「とりあえず何かやる」です。ロジカルに考えて、とりあえずやる。

――やってみる。

YA－MAN　で、やり抜く。あと、みんないい意味でバカですよね（笑）。

――バカパワーですね。勢いでやっちゃえ、みたいな。

YA－MAN　そんな感じで、普通はみんなビビるだろうみたいなところを、ガッとアクセルを踏んで行くんで、それが必要なんだなとは感じましたね。みんな本当に恐れ知らずだなと思って。だからそういう人たちと触れることで、やっぱり自分の性格も凄く変わってきて。さっき言ったITと人材をやっている会社の社長さんとは本当に週1でご飯に行っていて、その人から「とりあえずTTP」って言われていて。

――TPG（たけしプロレス軍団）なら知ってますけど、TTPってなんですか？

YA－MAN　徹底的にパクる。

――「徹底的にパクる」でTTP。自分は不勉強すぎて初めて聞きました。

YA－MAN　「成功している人を徹底的にパクるっていうことをやれ」って言われて。それで自分はけっこう素直なので、とりあえず徹底的にいろんな各分野で成功している人をパクッていったんですよ。自分が格闘家でいちばん尊敬しているのは井岡（一翔）さんなんですけど、井岡さんがたまたま内山（高志）さんのジムで練習しているのを見て「こういう練習をするんだ。じゃあ、俺もこれをパクろう」みたいな。あとは「スタイルもちょっとパクろう」とか。

――TTPじゃないですか。

YA－MAN　井岡さん本人とは直接話せないので、井岡さんのまわりから井岡さんの考え方を聞いたりとかして、だから格闘技に関しては井岡さんに影響されていますね。そこから自分の中で格闘技が変わったっス。あとは「人として」というところで言えば、凄く本を読んで、その本に書いてあることを徹底的にTTPして。人生TTPです。

――社会で成功する秘訣はTTPですか。

YA－MAN　でも、なかには本当に那須川天心みたいな人もいるんですよ。アップルを作ったスティーブ・ジョブズとかマイクロソフトのビル・ゲイツとかは、それまで世の中になかったものを作って、そういう人っていうのはTTPじゃないと思うんですけど。

――だから先導動物というか、そういう突出した人が出てきて、みんなはそれをTTPするということですね。

YA－MAN　はい。だから野球もそうですけど、自分には特に才能がないっていうのは中学生のときにわかっていたというか、人としてはべつにそうでもないなと思っていたので、じゃあ成功している人を徹底的にパクっていけば、そこに少しは近づけるだろうと。あと、その人が言っていたのは『ひとつのことをやり通せ』みたいなことを言うのが日本人としての美学みたいになっているけど、いまはこれだけ情報があふれている世界で、ひとつのことをやっているのなんかアホだよ」みたいな。

——ひとつのことをやり通す美学なんてのは幻想だと。

YA-MAN 昔だったら、寿司を握る技術や情報なんかは寿司屋にしかないから、その寿司屋で握り8年みたいなことだったかもしれないけど、いまは情報があふれているから、そんなの寿司のアカデミーに通えば1年で握れるようになるし。だから「ひとつのことに対して60点でいい。その60点のものをいっぱい作れ」って言われましたね。

——ひとつのことで100点を取りに行こうとするなと。

YA-MAN 要するに点数の足し算なんで。ひとつのことで100点を目指すと何十年とかかるけど、60点だったらたぶん3年とかあればいけるから、それを何個も作れば、たとえば60点が2つあったら120点。それってひとつのことで100点の人よりも多い点数じゃないですか。だから「べつに極めなくていいから」って。そういうことを教えてもらったっスね。

——たとえばいま、キックだけじゃなくてMMAにも挑戦されているじゃないですか。それもやっぱりその理論に基づいているというか。

YA-MAN それもあります。でもMMAに関しては、もちろん自分が育ててもらったのはRISEであり、RISEがあってのいまの自分なんですけど、キックボクシングの市場というところで言うと『THE MATCH 2022』以上はないと思うんです。そこで、いま以上にキックボクシングを盛り上げるってなったら、やっぱりいまいちばん市場がでかいのはMMAなので、MMAのファンにキックボクシングに興味を持ってもらうというのが同じ格闘技の括りの中でいちばん早いんで。

——隣の庭から取ってくる、みたいな。

YA-MAN だから、やっていて楽しいというのはもちろんあるんですけど、やっぱりRISEに恩返ししたいっていうのもあります。でも、いまはぶっちゃけMMAが楽しいですね。

「試合前にあんまり追い込みはやらないんですよ。ロジックツリーで課題を見つけて解決方法の仮説を立てて練習するんです」

——キックを広めたいという大義がありつつ、やっていて楽しいからやっている。

YA-MAN やっていて楽しいです。

——なんかYA-MANさんは、思っていたイメージとだいぶ違いました。

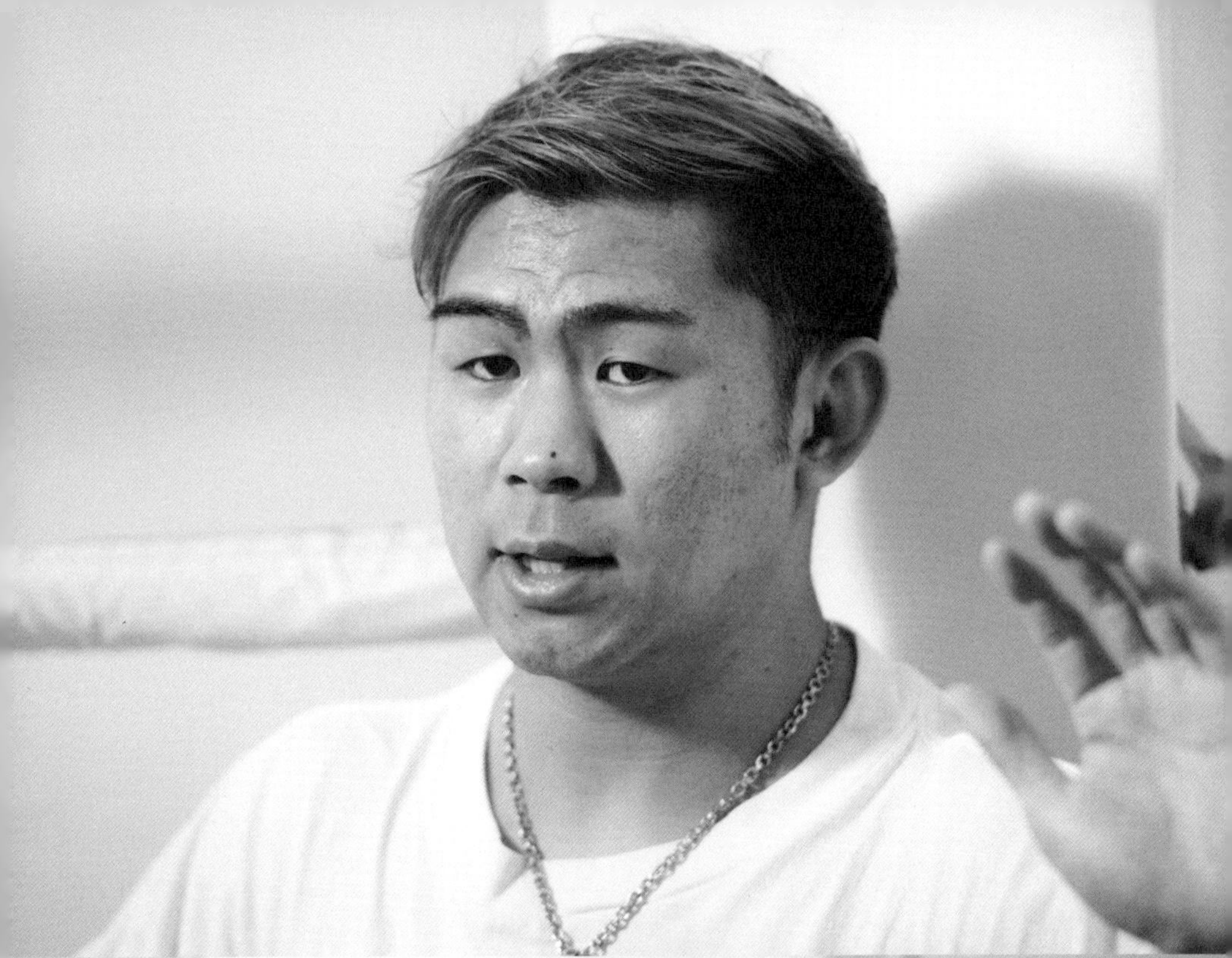

YA-MAN　本当ですか？

――YA-MANさんこそバカパワーで突き進んできたと思ったら、意外とめちゃくちゃ考えて行動されていますよね。理論派というか。

YA-MAN　めちゃくちゃロジカルですね。試合も、わりと本能的に闘っているように見せているんですけど、じつはロジカルに闘っているんですよ。まず、試合前に決めたこと以外のことはやらないですから。相手の分析をして、これが当たると思ったら、とりあえずひたすらそれだけをやって、それを当てに行く。三浦（孝太）くんとの試合もそうでしたし、いままでのここ2年間ぐらいの試合は全部決めたことだけをやって倒しているんです。「これで倒す、これで倒す、これで倒す」って。試合前の動きと同じ動きで倒しています。やっぱり自分には才能がないので、人よりも考えないと身体能力では勝てないので。だから、めっちゃ考えて練習していますね。

――YA-MANは本能的に闘ってはいなかった。

YA-MAN　めちゃくちゃ計算してますよ（笑）。でも、それはもうみんなもわかっていると思うんで、たぶん、それも込みで楽しんでもらっているというか。

――「そんなに強くないし、そんなに頭がよくないんで」っていうことを繰り返しおっしゃいますけど、じつはそれが強さなんですかね。

YA-MAN　自分の弱みをわかっているヤツが強いとは思います。

――その弱みを埋めるにはどうしたらいいかということをロジカルに考えられる。

YA-MAN　だから、たぶん自分は練習法もほかの選手とは違っていて、あんまり追い込みはやらないんですよ。ひたすらロジックツリーみたいなので、自分の課題をまず見つけることを最優先していて。そしてその見つけた課題を書いていくんです。「いま、何ができない」「それはなんでだ」みたいなロジックツリーで考えていって、その課題に対してどういう解決方法があるんだっていう仮説を立て、その仮説に基づいて練習しています。

――追い込むことよりもそっちのほうが大事なんですね。その課題を試合前までにクリアするという。

YA-MAN　それしかやらないです。だから、たぶん自分の練習を見たら「あれ、こんな感じなんだ？」みたいに思うかもしれない。

――「全然追い込んでねえな」みたいな。

YA-MAN　全然追い込まない。ただ、ほかの人よりも頭は使います。

――それだからか、リング上では落ち着いていますよね。

YA-MAN　べつにリングの上では死なないですしね。ただ、相手は殺す気ではいますけど。

——路上のケンカは死ぬ可能性がありますもんね。

YA-MAN　だからケンカのタイマンする前のほうが全然怖いですもん。

——レフェリーもいないし。

YA-MAN　レフェリーもいないですし。あと試合は痛くもないので、だから「なんでみんな試合が怖いんだろう?」と思うんですよ。「仮に死んだとしてもいいし」みたいに思っているし、「勝っても負けてもどっちでもいいや」と思っているんで。そこなで勝ち負けにこだわってないというか。

——それは「次やって勝てばいいや」ってことですか?

YA-MAN　いや、「競技じゃなくて生物的に勝てばいい」みたいな。だから試合で負けることが怖くない。

「人に勇気とか希望を与えられる試合をしたいなと思う。自分が格闘技をやる理由っていうのはそれですよね」

——それは無敵ですね。チャンピオンとかベルトには興味ないって言ってますよね。

YA-MAN　そうですね。それよりもおもしろい試合ができれば。勝ちに行っちゃうと試合ってつまらなくなるじゃないですか。

——入場とかもそうですもんね。

YA-MAN　そうですね。

——こないだの三浦戦での入場もたくさんのセクシーダンサーたちと一緒に出てきて。あれはどういうつもりなんですか?

YA-MAN　あれはバーレスク東京のダンサーさんたちを自腹でブッキングして。

——あれはどういうテーマなんですか?

YA-MAN　テーマ?（笑）。

——これ、人が多すぎだろうみたいな（笑）。とりあえず数だというのはあったんですか?

YA-MAN　やっぱり「THE MATCHのときの入場を超えなきゃいけないな」と思って。『THE MATCH 2022』で初めてバーレスク東京のダンサーと一緒に入場したじゃないですか。あのときよりしょぼくなったら誰も驚かないと思ったんですよね。みんなの記憶に残るものって考えたら、やっぱり期待以上のことをしないと響かないんで。そうしたら前よりも人数がいたほうがいいなと。

——ここは人員補強だと（笑）

YA-MAN　だから、これからもどんどん増えていく……いや、わからないです（笑）。もしかしたら違うパフォーマンスをやりたいとか、ほかにもやり方があると思うんですけど。とにかくどんどんどんどん、試合も含めてクオリティが求められるようになってくるので、すべてをレベルアップしていかないとですね。

——引き続きMMAもやっていきますというところで、格闘家としては何を叶えたいですか？

YA-MAN　人に何かを与えたいです。

——自分のパフォーマンスから何かを受け取ってもらいたい。

YA-MAN　はい。格闘家として何がしたいのかと言われたら、人に勇気とか希望を与えたい。いまはそこがいちばんでかいですね。べつにチャンピオンになるとかよりも見ている人に何かを感じてもらいたい。

——児童養護施設の子どもたちや母子家庭の家族を試合に招待したり、施設にキックを教えに行ったりとかもしていますよね。

YA-MAN　あれはTHE MATCHが終わったあとに、その児童養護施設の方からDMをいただいたんですよ。あれって史上最高の興行だったし、もうあれ以上の興行って今後ないんだろうなと思ったときに凄くモチベが下がっていたんですね。「うわあ、練習やる気起きねえ……」みたいな感じで過ごしていたんですけど、そんなときに「児童養護施設の○○というものですけど、1回会ってお話をさせてもらえませんか？」みたいな感じでDMが来て、その職員の方と話をして、その施設にキックボクシングを教えに行くことになったんですけど。そうしたら自分が行っただけで「わあ、凄い。ありがとう」「うわ、YA-MANだ」みたいな。

——自分が他人に何かを与えていたことをダイレクトに感じた。

YA-MAN　「この前の試合を観て凄く勇気をもらえました。ボクもYA-MANみたいになれますか？ がんばればできますよね？」みたいな話を聞いて、「自分がやる理由ってこれだな」と思って。そこから人に何かを与えられる試合をしたいなと思うようになったんです。

——なるほど。今日はYA-MANさんはまったく頭がおかしくなかったことがわかりました（笑）。

YA-MAN　とにかく、ちゃんと常に考えて行動はしています（笑）。

YA-MAN（やーまん）
1996年5月31日生まれ、埼玉県富士見市出身。キックボクサー。総合格闘家。TARGET SHIBUYA所属。
中学から高校2年生までケンカに明け暮れるが、その後、熱心な受験勉強を始めて東海大学に入学。東海大のキックボクシング部に入部して3年生のときにRISE『RISING ROOKIES CUP』フェザー級準優勝。大学卒業後はしばらくサラリーマン経験もある。2022年6月19日、東京ドームでおこなわれた『THE MATCH 2022』での芦澤竜誠戦で1RでKO勝ちを収めて注目を浴びる。MMAへの挑戦も表明して、2023年5月6日の『RIZIN.42』における三浦孝太戦でMMAデビュー。1Rでグラウンドパンチによる TKO勝ちを収めた。

HIBUYA

兵庫慎司のプロレスとまったく関係なくはない話

第98回　二千円っておもしろい、でも千円もおもしろい

兵庫慎司

（ひょうご・しんじ）1968年生まれ、広島出身・東京在住、音楽などのライター。松尾スズキ『この日本人に学びたい』は、私が連載を担当して単行本を作ったのですが、その4年後に光文社知恵の森文庫に入った時、「危なすぎる」ということで、本文のあちこちをズタズタにカットされた、と、松尾さんが嘆いておられました。「ロッキング・オンはよかったよ、自由に書かせてくれて」と褒めてくれたものの、「光文社がズタズタにカットするようなものを、俺は平気で出版したのか」と、ゾッとしたのをよく憶えています。「止めてくれよ、上司!」と思ったのも、よく憶えています。

本誌前々号、つまり138号掲載の、巻末連載『マッスル坂井と真夜中のテレフォンで。』が、めちゃくちゃおもしろかった。「笑った」を超えて、「感銘を受けた」レベルである、もう。読まれた方なら「ああ、あれか。マッスル坂井が急性アルコール中毒で、救急車で運ばれた事件じゃない方の話ね」と、お察しいただけるだろう。

そう、本誌レギュラー陣である放送作家大井洋一の、高円寺の飲み屋での話だ。同じく本誌レギュラー陣の伊藤健一と、本誌編集長の井上崇宏が待つその店に、仕事終わりで駆けつけた大井洋一は、たまたま店にいた同業者（面識あり）の酔っぱらいにウザがらみされ、30分は耐えたが、ついにブチ切れて、こう怒鳴りつけた、というやつ。

「いやさ、あのさ、俺はさ、今日朝からずっと働いていて、ひさしぶりの仲間と会えてさ、こんな時間にようやくメシにありついてんだよ。おまえさ、二千円やるからもう帰れ!!」

どうでしょう。「お見事!」としか言いようがないでしょう、もう。放送作家として大井洋一の方が先輩で格上、かつ腕力でも負けるわけないんだから（相手もアウトサイダー王者なら別だが）、本来なら「おまえさ、もう帰れ!!」でよさそうなもんなのに、その「おまえさ」と「もう帰れ!!」の間に「二千円やるから」をはさみこむことによって、言葉の殺傷力をすさまじくブーストさせるこのセンス。さすが数々の人気番組を書いている放送作家。

で。そこで提示する金額が二千円、というのも、もう絶妙である。「カネやるから帰れ」というのは、「俺が身銭切るからいなくなってくれ」という意味合いだけでなく、「おまえ俺からカネを投げつけられる側だからな」という、侮蔑のニュアンスも入ってくる。その時に提示する金額が、二千円。これが一万円だったら「帰らされる方得しすぎ」というのと、「そこまでしてでも帰ってほしかった大井洋一の悲痛さよ」という二方向になる。五千円でも、まだちょっとその方向だ。逆に千円だと「いらねえよ」「帰らねえよ」、あるいは「みみっちいな大井」みたいな按配になってしまう。じゃあ四千円だったら、三千円だったら……と考えていくと、わかるだろう。いかに二千円

がジャストであるかということを。

そして。こうして二千円について書いているうちに、あ、千円の件でも書きたかったことがあったわ、俺。と、思い出した。

今、ＮＨＫ ＢＳ３で月曜〜土曜の朝７時15分から『あまちゃん』の再放送、やっていますよね。あのドラマの重要なキーになっている『潮騒のメモリー』という曲の歌詞には、「ジョニーに伝えて千円返して」というラインがある。この曲の歌詞が、80年代のさまざまなヒット曲からの引用でできていることは、よく知られている。

その「ジョニーに伝えて」は、ペドロ＆カプリシャスの『ジョニィへの伝言』からだが、では「千円返して」は？ 10年前の本放送時、この曲の歌詞の元ネタを考察するテキストが、多数ネットに上がっていたが、「千円返して」に関しては「わからない」という声しか見つけられなかった。今、検索してみたら、「意味が分かりません。分かる方いますか？」とＹａｈｏｏ！知恵袋に投稿している人までいた。ベストアンサーは「きっと映画のストーリーの一部なんだと思います」。誰も解析できなかったわけですね。

では正解です。これ、引用じゃなくて、言わば「大人計画ギャグ」なのだ。宮藤官九郎の師にあたる松尾スズキ（宮藤は彼の演出助手として大人計画に入った）が、千円のおもしろさに着目し、自身の作品の中で何度も用いてきたのである。たとえば。

「人前で『何か』をやらずに過ごせたら、とても私は幸福である。他人に自分の意見をこのような場所で披露せずに生きてゆけたら、とても私は幸福である。名もなく『豊かに』美しく、生きてゆけたらもう、誰彼かまわず私は、千円あげよう。幸せを見ず知らずの人に分け与えるに妥当な金額である。千円は。今はそれほど幸せでないので、誰にも千円あげないが、いつかそんな千円王国が私に訪れたならば。などと夢見る私なのである」

１９９９年刊の、松尾スズキの著書『この日本人に学びたい』（ロッキング・オン刊／のちに光文社知恵の森文庫）の『あとがき・松尾スズキも学びたい』より。

あるいは。２００４年、ＮＨＫの『いま裸にしたい男たち』という番組の中の企画で、松尾スズキがオーディションをして「松尾スズキ少女歌劇団」を結成し、原宿クエストホールで『松尾スズキ物語』というミュージカルの公演を行った時のこと。

主役の松尾スズキを演じたのは、ソニンだったのだが（今考えると豪華なブッキングですね）、そのソニン、出て来るなり「千円あげます」と、前の方のお客たちに千円札を配るのである。めちゃくちゃ笑った、会場で観ていて。

以上のふたつの例で、「松尾さん、千円好きなんだな」ということが強く印象に残っていたもんで、その9年後に、『潮騒のメモリー』の「千円返して」で「ああっ、宮藤さんも!!」となったのだった。

推測だが、宮藤官九郎には「松尾さんのあれ、借りちゃえ」という気持ちはなかったと思う。スッと自然に出たのだろう、大人計画のＤＮＡとして。そして、それからまた10年後の現在、全話録画して保存してあるし、ブルーレイボックスも持っているのに、毎朝『あまちゃん』を観て『潮騒のメモリー』を聴いては、千円に思いを馳せている私なのだった。『この日本人に学びたい』から、24年も経っていますね。

おもしろい人はなぜおもしろいのかを
調査する好評連載・第31回

トータルテンボス
大村朋宏&藤田憲右

収録日：2023年7月7日
撮影：タイコウクニヨシ
聞き手：大井洋一
構成：井上崇宏

「ボクたちはもともと駄馬で
サラブレッドじゃないのに、
夢は全部叶えているんですよ。
『これ以上、何を望むの?』って。
とにかくボクらは変わらず、
いまのペースのまま
やらせてください」

マイペースで飄々とお笑いを歩んできたふたりが
キャリア26年目にしてまたもブレイクの兆し!
そのハンパなさの秘密に迫ってみた!!

S－1バトルという大会をご存知でしょうか。

2009年にスタートした、ソフトバンクモバイル主催のお笑いの大会で、ジャンルや芸歴を問わずに、3分以内にまとめた映像作品でエントリーする動画お笑いコンテスト。

YouTuberが市民権を得て、TikTokerが世に現れる前の早すぎた大会。毎月、ソフトバンク携帯電話ユーザーの投票によって月間チャンピオンが決定し、さらに年間王者を決める大会への切符を手にする。

言ってみれば、芸人たちによるオモシロ動画のコンテストという平べったい大会なんですが、驚くべきはその賞金で。月間のチャンピオンには1000万円。そして年間チャンピオンには1億円という驚くべき金額が授与される。

大会がスタートした初月である3月に優勝したのはトータルテンボス。

大村さんが藤田さんにいたずらを仕掛けるという動画で1000万円を獲得した。「本当に1000万円が出るんだ……」とザワツキはじめた芸人界隈。

すると5月にもまたまたトータルテンボスが優勝。

2度目の1000万円獲得。

翌年、2回も同じコンビが1000万円を獲得したことが問題になったのか、大会のシステムが大きく変わったものの、8月には三たびトータルテンボスが優勝してしまい1000万円を獲得。この大会だけで3000万円ももらってしまい、なんだかべつにいいんだけど、ちょっと盛り下がるな……という感じになってしまい、翌年ひっそりとこの大会は幕を閉じた。

時を経て2023年。

佐久間宣行さんのYouTubeチャンネル『NOBROCK TV』の「100ボケ100ツッコミ」という企画に出演したトータルテンボスは、900万回再生以上の大バズリ。13年の時を経て、あいかわらずの動画王者っぷりを見せつけたのです。

この強さ、いったいどこにあるのか聞いてみました。

どうぞ。（大井）

「ダウンタウンさんの影響とかで、キャリア1年目のヤツらが相方を嫌いになっていたらおかしいだろうって（笑）」（藤田）

――トータルさんはキャリアは何年目になるんでしたっけ?
大村　26年目ですかね。
――26年目にしてふたたびここに来て、ですね。珍しいケースですよね。
藤田　ふたたび来てますね（笑）。

大村　なんかフックがかかっているというか、とっかかりができているかな？　くらいの感じですけどね。ブレイクではないですけど、ブレイクしそうな気配というか（笑）。

――ここまでのキャリア、常にずっと肩書きがある感じですよね。

大村　まあ、変わらず普通に楽しくやっているところに外側からの要因というか。今回はＮＯＢＲＯＣＫさん（『佐久間宣行のＮＯＢＲＯＣＫ ＴＶ』）とかに声をかけていただいて、それがバズってみたいなことですよね。それで、いままでボクたちのことを知らなかった若者とかがＴｉｋＴｏｋなんかで見て、「なんだ、この人たち。おもしろい」みたいな感じになっているみたいで、ただただありがたいですね。

――ちょっと前に〝第7世代〟というブームがあって、そこで世代が入れ替わった時期がありましたよね。

藤田　それは第7の前からありましたよね。「もう世代が違うな」っていう（笑）。

大村　でも、どういう形かはわからないけど、変わらずにやっていたら絶対におもしろいだろうなっていうのがあったんですよ。同じイタズラをやるにしても、おっさんになるにつれて絶対に余計におもしろくなると思っていたんですよ。いい歳したおっさんが小学生レベルのイタズラをするわけですから。

――たとえばＮＯＢＲＯＣＫ ＴＶでやっている「１００ボケ１００ツッコミチャレンジ」のテイストに、歳が合ってきたなっていう感じですよね。

大村　あれを培ってきたのは若手時代のコンパとかですね。だいたい4対4のコンパだったら「あとのふたりはどうする？」っていうところから（笑）。

藤田　ここから始まるんですよ。

――ふたりは揃ってコンパに出ているんですね（笑）。

藤田　そうですね。「あとふたり」っていう。

大村　ふたりで出ていたのが、ここで活きたんだろうな（笑）。

藤田　若手のときに「芸人っていろんなことを経験するべきだ」っていうのを言われていて、こういうことなんだなっていうのがわかりましたね。なんでもやるものだっていう。

――コンビってとかく分かれがちじゃないですか。特にトータルさんの世代はダウンタウンさんの影響があって、コンビ同士は普段から仲良くしないみたいな。

大村　逆にそれがカッコいいみたいな感じもあったり。

――「コンビ同士で仲良くやってんのかよ？」みたいな。

大村　「相方と？」みたいなね。

藤田　でも養成所に入って1年やって、デビューしてすぐのコンビ組み立てのヤツがの「いや、相方とは……」って言ってるのが凄くダサいとボクは思ったんですよ。ダウンタウン

さんはその時点で15年以上のキャリアがあって、あれだけ売れていて、「いや、相方と一緒には行かないですよ」みたいなのがあるからカッコいいんであって、1年目のヤツらが相方を嫌いになっていたらおかしいだろうって（笑）。で、それをあえて言ってる感じもめちゃくちゃダサく感じましたし。だから「逆に俺たちは仲良くしていこう」っていう感覚はありましたね。

大村　そもそもがビジネスパートナーじゃなかったんで。

――友達から始まっているわけですからね。

大村　ガッチガチの友達から来てるんで、そんなスタンスで行くならもっとうまいヤツがいるだろうとか、アイツと組んだほうがいいんじゃないか、っていうのも出てくるじゃないですか。でも「コイツ（藤田）とやりてえな」って組んで入ってきたので、仲悪くなる必要はまったくないなっていう。

「全国ツアーでの動員が減っていたとしたら『ちょっともう畳むか？』みたいなこともあったかもしれないですけどね」（大村）

――その風潮にはまったく影響されなかったですか？

大村　だからボクはずっと「けんぼー」って呼んでいたんですけど、そこはやっぱ「藤田」でいいかなくらいですね。それがダウンタウンイズムかはわからないですけど、でも「けんぼー」って呼んでるのは恥ずかしいなって（笑）。

藤田　そこはやっぱ「はまちょん」「まっつん」から「浜田」「松本」に変わったっていうのと一緒だと思うんですけどね（笑）。

大村　それぐらいですかね。あとはプライベートで付き合う人を分けるっていうのを目指したこともあったんですけど、それもなんか背伸びしてんなーっていう（笑）。

――軽い紆余曲折があって戻ってきたんですね（笑）。ボクがお聞きしたいのは、やっぱりお笑いの世界は代謝が激しくて、ちょっと話題になっても2年くらいしたらまた新しいのが出てくるというサイクルがありますよね。そこでトータルさんは若手の台頭をどういうふうにとらえて、どういうふうに乗り越えていったんですか？

藤田　ボクのマインドからすれば、横山光輝の『三国志』があるじゃないですか？　魏・呉・蜀がいろいろやっていて、劉備が蜀に追いやられたときに辺境の地に象に乗った蛮族みたいなのがいて、それがめちゃくちゃ強かったみたいな。劉備軍も太刀打ちできないくらいで、そこからひとり、ふたりと仲間になって蜀に入ってっていう。

――我らは強い蛮族だと。

藤田　その位置が凄くカッコいいなと思っていて、結局どこからも干渉されない感じなんだけど、孤高の強さがあるみたいな感じに自然となっていった感じですかね。

——いわゆる王道というかメインストリームというところではなくて、自分たちの居場所を作りたいっていう感じなんですかね？

藤田　よしもとの中でもどこの軍団に入るとかもなく、ふたりだけで活動していて細々とやっているけど、「やらせたら、ひと通りできるよ」みたいな感じには自然と仕上がっていって。

大村　ずっと〝ガラケー〟をやっていましたね。本当にふたりっきりでちっちゃい国を作ってきましたね。

——ガラケー！（笑）。

大村　ガラパゴスで。変な話、べつに収入とかはずっと……。

藤田　それで意外と変わらないよね。

大村　むしろちょっとずつ上がっていく感じで苦にしたことがないというか。だから仕事量はずっとあったんですけど、やっぱりお茶の間での知名度とかが、若い世代にいくに従って知られていないなっていうのがどんどん出てきたので、ネタ番組だけでもテレビに出たいなと思っていても、若手がどんどん出てくるし、自分たちで言うのもなんですけど、輝かしい実績がありつつも「笑えないのか……」っていう焦りはあって。

藤田　でも、どっかで開き直ったよね。

大村　それは全国ツアーを毎年やっていて、そこの集客で年間1万人くらいは動員していたので、「あっ、間違っていない。需要はある」と。

——確認はできていた。

大村　そこでの動員が減っていたら、「ちょっともう畳むか？」みたいなことがあったかもしれないですね。

——最初はダウンタウンさんだったり、その下の世代で言えばロンドンブーツ1号2号であったりっていうメインのポジションを目指す闘いもあったわけですよね？

藤田　ありました。

大村　そこを目指して入りましたし。

——それからM－1に出て準優勝したりとか、『爆笑オンエアバトル』で勝ったりと、結果を出しているときはそっちで活躍したいという気持ちではあったんですよね？

藤田　もともとお笑いを全然知らないまま入ったので、「ネタをやっているのはテレビに出られない人たちだ。テレビで売れない人たちがネタでがんばるしかないんだ」くらいの失礼な感覚でいたんですよ（笑）。だから「テレビに出たらネタをやらなくて済む」っていう解釈で、「早くネタをやらないで済むようになりたいな」って思っていて、だからどっちかと言うと華を磨くというか、見た目に気をつかうとかそっち側に凄く走っていましたね。でも、なかなかテレビに出られないし、ネタはずっとやらなきゃいけないとなって、「じゃあ、やるか」ってやったらネタのほうが評価されていって。

――そこで自分たちの強さに気づいたというか。

藤田　だからM－1に出るなんて、自分たちが思い描いていたこととは180度違うことなんですよね。べつにM－1に出なくていいからテレビ番組に出たかったんです。

――いわゆるテレビタレントになりたかった。

藤田　テレビタレントになりたかったんですよ。でも、いつしかネタのほうの評価が上がって「あれ、これ、逆になってる?」みたいな。

「やっていることはずっと変わらないもんね。だから若手が台頭してきても『別の世界の人たち』っていう感覚で」(藤田)

――そうして作り続けなきゃいけないという、つらい道を歩き続けているんですね(笑)。テレビに呼ばれて「あれ、手応えがないな……」っていうこともあったんですか?

大村　あります。「なんかうまいことできないな……」とか。

藤田　特にひな壇が苦手ですね。

大村　いろいろ考えちゃうんですよ。「これ、ちょっと不謹慎かな?」とか。

――そこで1個止まっちゃう。

大村　そうですね。「ちょっと俺たちはテレビに向いてないのかもね」みたいな。だったら自分たちで好きなことをやろう、YouTubeもあるし、っていうことで独自でやっていて、テレビをあきらめつつあったところに、NOBROCKさんに呼ばれて好き放題に不謹慎な下ネタをバンバンやったら、それがバズって、そこから『ゴッドタン』にも呼ばれるっていう。テレビをあきらめたから自由にやっていたことが評価されてまたテレビに呼ばれるって、ちょっと意味がわからないなって。「どういうことなんだ?」って(笑)。

――力を抜いたからこそ戻ってこられたんですね。

大村　あとは年齢もあると思いますね。だって、やっていることは若手のときと変わらないんですよ。だけど若手の頃はこの感じが生意気に映っていたと思うんですよね。でもアラフィフのおじさんが同じことをやると「しょうもねえな」って滑稽に見えるという(笑)。その見られ方の変化っていうのはあったのかな? だからボクらは変わっていないけど、まわりの見方が変わったのかもなっていうのはありますね。

藤田　やっていることはずっと変わらないもんね。だからさっきの若手の台頭の話も、本当に「別の世界の人たち」っていう感覚だったよね。

大村　そうそう。まずは1個下のロバート、インパルスとかが上に行ったときが最初の嫉妬というか。

藤田　『はねるのトびら』に行ったとき。

大村　「えっ、置いていかれちゃう……」っていうのがまずあったし、千鳥とか野爆（野性爆弾）さんとかがボクらと同じように「汚ねえ」ってテレビ不適合とされていたのに上がって行ったりとか。

藤田　置いていかれて（笑）。

大村　めちゃくちゃど真ん中を行ってるから、「あれ!?」って（笑）。

藤田　そうやって段階を踏んでいるんで、第7世代が出てきたときは「まあまあ、そうだよね」みたいな（笑）。

——余裕（笑）。

大村　免疫ができていたんですよ（笑）。

——横が売れて、次に下が売れて、第7世代が売れている頃にはすっかり。

大村　もう達観していましたね。でも逆のベクトルもあったりするんですよ。たとえばおじさんやおばさんたちは第7世代のヤツらの名前は知らないけど、ボクらのことは知っているみたいなことがあって。しかも、いまは高齢化がけっこう進んでいるから「そっちのパイのほうがじつは大きいんじゃねえか？」って考えたりとか（笑）。

——じゃあ、まわりは気にせずに独自でやっていこうぜっていう話がおふたりの間であったりしたんですか？

藤田　ボクらはゴーイング・マイウェイがずっと長かったんで。それで満足しているってわけじゃないですけど。

大村　それで本当に楽しかったというか。

藤田　もう欲がそんなにないから、この位置なのかなとも思いますけどね。

「飲み会でちょっと観察していて、『あっ、このエピソードを今度話そう』とかっていうのがもう大変だなと思って（笑）」（大村）

——ど真ん中に行きたい欲が、ずっと凄くあるタイプなのかと思っていました。

大村　最初はもちろんそうでしたよ。でも、早々に（笑）。

——そうじゃない生き方もあるんだなと気づき（笑）。

大村　あきらめた節がありましたね。まず、M－1の最終年に2位で終わったときに選択肢があって、けっこうオファーも来ていると。

藤田　ゲストまわりとかね。

大村　あるいは4、5カ所のローカル局から冠番組の話が来ていると。でも、それをやるとスケジュールがけっこう取られるからゲストのほうはだいぶ減ってしまう。そこで「どっ

ちを選ぶかはおまえらで決めろ」って言われたときに、ボクたちはローカルで冠を4、5個っていうのを選んじゃったんですよ。

——それはなぜですか？

藤田　自信もあまりなかったんですよね。

——「ひな壇が合っていないかもな」っていう感触から、自分たちのフィールドを作るほうを選んだというか。

大村　まだひな壇の感触が掴めていない時代だよね？

藤田　〝ひな壇芸人〟っていう言葉が出るちょっと夜明け前くらいで、品川（祐）さんとか藤本（敏史）さんがバッときていた頃で、そこでのチームプレイもあまりわからないし。そこに出られないことはなかったんですけど、ふたりで何かをやってるときとか、ふたりだけの空間のほうが目立てていたんですよね。ロケもふたりで行っているときのほうがやりやすかったし、まわりに気をつかわずに済んだので、じゃあもう戦場に行くのは嫌だなっていう（笑）。だったら地方の人たちにわざわざ呼んでいただいてるっていうのもうれしいし、変な言い方をすればラクなほうを選んだのかもしれないですけどね。

大村　あったかいほうを選んだよね。人のぬくもりが感じられそうなほうに（笑）。

——でも、そこでのびのびとやれたことで、いまの空気を作り続けることができたのかもしれないですね。

大村　そうなのかもしれないし、中央に行けなかったことでそういうメンタルを鍛えられなかったゆえんにもなっているのかもしれないですね。

——もし、いま同じ選択を迫られたとしたら、どっちに行きたいって思います？

藤田　どうですかねえ？

大村　カツカツするのが苦手で。「あっちを押しのけて、俺が獲ってやろう」みたいのがあまりないふたりなんですよね。飲み会に行って、ちょっと観察していて「あっ、これを今度話そう」とか「あっ、エピソードができた」とかっていうのがもう大変だなと思っているんで（笑）。もう、そんなことを考えずにただただ楽しくやろうよっていうのがたぶん性に合っているんでしょうね。

藤田　性に合っているっていうほうがデカいですね。

大村　どっちかと言うと、藤田のほうがまだガツガツしているんですけど、その藤田が芸人がいっぱいいる収録のときに、ピースの綾部（祐二）がひな壇で活躍している頃で。

藤田　綾部が出たての頃ですね。

大村　藤田が綾部に肩を入れられて押しのけられたときに、藤田がグッとこらえていた姿を見て、「もう畳もうか」みたいな。

藤田　そこでの闘いがもう凄かったんですよ。うしろにいたら綾部がガッと来て、「浜田さん！　浜田さん！」って言っているのを見て「ああ、もう俺は売れねえわ……」って（笑）。

大村「藤田でもこうなっちゃうのか……」っていうのがね。

藤田「売れる人ってこれなんだ」と。そこで「負けるもんか！」って肩を入れ返さない自分がいて「あっ、俺はこっちじゃないんだ」って（笑）。それで収入が減ったりするならあれなんですけど、芸人ってテレビだけじゃないっていうのもあるし。べつにテレビを敵視しているわけじゃないんですけど、「ほかにも生き方はあるよ」とは思っていて。だから、いまはテレビとかに呼ばれて結果があまりよくなかったとしても、なんにも気にしない感じですね（笑）。

――「呼んだのはそちらさんですし」と（笑）。

藤田　だから、逆にその力の抜けかげんもいいのかもしれないですけどね。


「ボクの価値観からすればお金を倍もらえたとしても、倍もらって倍忙しくなるんだったら、いまのままでいいです（笑）」（藤田）

――大村さんはご家族と一緒にテレビに出られていたりするなかで、仕事の話とかもするんですか？
大村　ボクらは地方も多いですし、ＹｏｕＴｕｂｅをやっていたり、いろんな劇場に行っていたりするなか、どうしても家族とのふれあいって減るじゃないですか。だからテレビで家族と一緒に仕事ができて、そこでコミュニケーションを図れるっていうのはうれしいんですよ。息子も楽しんでいて、たまに娘もやってくれているんで。
――メディアに家族を出すことに抵抗がある人もいますけど、家族のコミュニケーションの場のひとつにテレビがあると。
大村　ボクは抵抗ないですね。「あっ、家族で出してもらってもいいんですか？　家族の絆をまたひとつ作っていただいて、ありがとうございます！」みたいな（笑）。
――どんどんキャリアを重ねていくなかで、今後トータルテンボスをどうしていこうかっていうのはありますか？
大村　まあ、変わらずに（笑）。
藤田　このまんまだよね。呼ばれたらやるし。
――言われたことをやるし。
藤田　やるし（笑）。
大村　特に藤田がスローライフ好みなんで。仕事がバーッと入ってくるとメンタルを崩すタイプなんですよ。「キーッ！」ってなっちゃうから、そこはセーブしつつっていう感じですかね。
藤田　朝から晩まで仕事がぎっしりの売れっ子みたいな、休

みがないみたいなのは本当に嫌だなって。
大村　だからいまの売れっ子たちとかは凄いですよね。もうボクらは無理ですもんね。
――いまは寝ずに働いて、いい暮らしをしたいっていうのも出しますよね。「カネ持ってます」っていうのも全部出すし。
藤田　かまいたちとか凄いなって思います。
大村　ああいうことができるっていうのは、あれはひとつの才能だと思いますね。
――そことは感覚がちょっと違う部分もあるんですね。
藤田　そんなに働いてカネをもらえたとしても、そのお金で充実した何かを得られるのかとか、休日にゆっくりもできない生活ってどうなんだと思ってしまって。
――長田（庄平）さんなんかも休日をＹｏｕＴｕｂｅの撮影に捧げていて、自分の時間はすべて仕事に変えていく感じがありますけど。
藤田　いや、チョコプラは凄いっスよね。あんなにカネいらないですよ（笑）。あんなにカネはいらないから家族との時間とかがほしいんですよね。
――成功しているユーチューバーって、お金をめちゃめちゃ持っていて、それをめちゃめちゃ出すけれど、たぶん全部をＹｏｕＴｕｂｅに捧げていますよね。
藤田　そうですね。こないだカジサックに会ったんですけど、

凄いっスね。

大村　全部捧げてるよね。

藤田　それが楽しいっていう人ならいいんですけど、ボクの価値観からすればお金を倍もらえたとしても、倍もらって倍忙しくなるんだったら、いまのままでいいですね（笑）。一般の人と比べたら普通よりもちょっといい感じで暮らせてはいるので、このぐらいのバランスがいちばんいいのかなって。たまに休みがあって家にも帰れるし（笑）。

――「あー、おもしろかった」で帰れるし（笑）。

藤田　だから欲がないのか？　この感じでお金の単価が高くなるのが理想ですよね（笑）。

「ボクらがペースを変えて、こうチェンジしよう、こういうキャラをつけていこう、っていうのはまったくないですかね」（大村）

――逆に不安とかはないですか？

藤田　あるっちゃあるんですけど、「漫才をしっかりやっていたら、よしもとはたぶん大丈夫だよね」っていうのがどっかであると思うんですよね。それでいよいよダメになったら地元に帰って細々と何かをやればいいんじゃないの、っていうのはあるよね？（笑）。

大村　そうかもね。

――もともと派手な生活をしたいわけじゃないから。

藤田　ボクの中で「これをやったらもうあがりだ」っていうのがあって、まず東京でクルマを持ちたい、それと家族を持ちたい、いいところに住みたい、っていう三拍子があるとして、ボクは全部叶えているんですよ。

――すでに。

大村　まあ、いいクルマ、いいところっていうのは人にもよりますけどね。

藤田　ボクからすれば全部が奇跡なんですよ。家族がいて、子どもを養って、自分のクルマを持っていて、嫁のクルマもあって、都心に住めて。「これ以上、何を望むの」っていう（笑）。

――じゃあ、いまはウイニングランみたいなものですね（笑）。

藤田　本当にそれに近いですよ。「よくやったな、俺」っていう。だって駄馬ですよ？　サラブレッドじゃないんですから、俺たちは。

大村　そもそもね（笑）。

藤田　そもそもサラブレッドじゃないのが中央（競馬）で走れているっていう。それでいちおうG2のエントリーもできてるみたいなね（笑）。

――G2（笑）。

藤田　しかも、たまにG1にも出たりはしているし。

大村　相方としては微笑ましく思うんですよ。こういう庶民的な感覚だし、「あっ、簡単に満足するヤツなんだな」って（笑）。だけど酔ったら後輩とかを朝方まで連れ回して、一緒にタクシーに乗って、まずは藤田の家まで行って先に自分が降りるらしいんですよ。それで後輩にお金を渡して「じゃあ、お釣りは明日な！」みたいなことを言いつつ、後輩も一度降ろして、「見ろ。売れたらこのぐらいのところに住めるぞ」って。それがそんなでもないんですよ（笑）。

――アハハハハ！

藤田　そんなでもないっていうね（笑）。

大村　タワマンでもなんでもない。言われた後輩も「あっ、これだったらすぐだな」ってたぶん思っているだろうし、なんなら同じくらいところにすでに住んでるかもだから、「恥ずかしいからやめな」とは言っているんですけどね（笑）。

藤田　俺の中ではもう……（笑）。

――成功者の城だと（笑）。大村さんの感覚としては、いまの生活についてはどうですか？

大村　だからこのペースで、外からの要因で勝手に評価していただいて、地位が上がっていくっていうのがありがたくて。

藤田　理想だよね。

大村　それはもうウェルカムですけど、ボクらがペースを変えて、こうチェンジしよう、こういうキャラをつけていこう、っていうのはまったくないですかね。とにかく「いまのペースでやらせてください」っていう。若いときはやっぱり華々しいのにあこがれましたけど。

――いわゆるフリートークがもてはやされた時代もあり、M－1によってみんなが漫才に寄せた時代もあり、そういうそれぞれの時代を経てきたトータルテンボスとしては「もっと決まった格好をしたほうがいいな」とか「キャラを入れたほうがいいな」とかはあったんですか？

大村 だから藤田のアフロとか。

藤田 最初はそれですよね。戦略で入れたアフロですね。

大村 ダメ出しの先生から「普通の兄ちゃんみたいなふたりだな」って言われて。

藤田 「キャラがない」って言われていたんですよ。

大村 「ちょっとおもしろいくらいの兄ちゃんが、ただやっているようにしか見えない」って言われたとき、ボクの悪いクセで、自分がそういうふうにいきたくないから藤田を変えようっていう（笑）。ただでさえ普通のツッコミだったたっていうのもあったので、変な頭をしたほうがツッコんで訂正しているっていう図式が当時はそんなになかったんですよね。

藤田 「誰が言ってんだよ?」っていうね。

大村 「どう考えてもこっちのヤツのほうが変でしょ」みたいな出で立ちにしておいて、「おい、おまえがツッコミかい！」みたいなのはちょっとおもしろいフォーマットなんじゃないかなって。だから藤田に「モヒカンか、アフロはどう？」って提案したら「じゃあ、アフロだろ」ってなって、そこからですよね。あとは「ハンパねえ」みたいな若者言葉を成立させたぐらいがボクらのキャラ変みたいなことで。

藤田 戦略はそれだけだよね。

大村 そこからはもう、そういうのもないですね。もともとちょっと若者言葉みたいなのがあった人だからできた技で、わざわざないものを採り入れることは性に合わないしっていう。

藤田 テレビの人からすれば、「なんだろう？」って思ったと思いますよ。凄くテレビ的なアプローチをしてくるのに、使ってみたらそんなんでもないみたいな。「あれ、あんまガツガツ来ねえな」って（笑）。

――おもしろそうなビジュアルはしているくせに（笑）。

藤田 格好だけ番長みたいなヤツですよね（笑）。

大村 だからもう、ボクらはこのままずっとこの完成形でいくだけですよね。

トータルテンポス
小学生からの同級生による、吉本興業に所属するお笑いコンビ。1997年4月結成、NSC東京校3期出身。『M-1グランプリ2007』準優勝。『爆笑オンエアバトル』第10・11・12代チャンピオン。

大村朋宏（おおむら・ともひろ＝写真・左）
1975年4月3日生まれ、静岡県御殿場市出身。トータルテンポスのボケ・ネタ作り担当。
趣味はスノーボード、麻雀、歌、水彩画、ゴルフなど。

藤田憲右（ふじた・けんすけ＝写真・右）
1975年12月30日生まれ、静岡県御殿場市出身。トータルテンポスのツッコミ担当。
趣味は高校野球の情報収集、プロ野球選手の出身校当てなど。

大井洋一（おおい・よういち）
1977年8月4日生まれ、東京都世田谷区出身。放送作家。『はねるのトびら』『SMAP×SMAP』『リンカーン』『クイズ☆タレント名鑑』『やりすぎコージー』『笑っていいとも!』『水曜日のダウンタウン』などの構成に参加。作家を志望する前にプロキックボクサーとして活動していた経験を活かし、2012年5月13日、前田日明が主宰するアマチュア格闘技大会『THE OUTSIDER 第21戦』でMMAデビュー。2018年9月2日、『THE OUTSIDER第52戦』ではTHE OUTSIDER55-60kg級王者となる。

坂本一弘

馬乗りゴリラビルジャーニー（仮）

第35回「黒部三奈がCOLORSをブッタ斬り!!」

構成：井上崇宏

（さかもと・かずひろ）
1969年3月4日生まれ、大阪府大阪市出身。修斗プロデューサー/株式会社サステイン代表。

——坂本さん、今日はどうしたんですか？　こんなスペシャルゲストを帯同していただいて。

坂本　ねえ。どうしましょう？

黒部　どうも、どうも（笑）。

坂本　この表参道のおしゃれなカフェがお似合いの黒部三奈さんね。

黒部　パンケーキ、美味しい〜。

——残念ながら、黒部さんは今年1月に渡辺彩華選手に負けてしまって……。

黒部　いや、やめて。もう全然元気だから（笑）。

——もう試合はしないんですか？

黒部　引退とかって特に決めなくてもいいかなと思うし、気が向いたらまたしよっかなって感じ？　5年後とかに。

坂本　時間は有限なのに。

黒部　まあね。ほかにやることがないから毎日練習はしていますよ。

——そう考えると、黒部さんってファイターの中ではなかなかいい人生を歩んでいますよね。ずっと好きな格闘技に携わっていられて。

黒部　そう言われたらそうだけど、やっぱねえ、甘えられる人がほしい（笑）。

——それはプライベートで？

黒部　プライベートで。そういう人がいたら、私の人生は満たされますね。

——もう、とにかく男に甘えまくりたいと。

黒部　まあ、精神的な支えよ。だからマッチングアプリをやってみたりとかもしたけどさ。

——マッチングアプリ（笑）。現代人にとってはマッチングアプリで出会うって当たり前のことなんでしょ？

黒部　そうみたいです。それで付き合ったりとかね。

——最近はマッチングアプリで知り合った人と結婚したって話もよく聞きますよ。あれってmixiとかFacebookと何が違うんですか？

黒部　前提が出会いを求めて登録しているわけだから、まったく違うんじゃないですかね。

——あっ、「そんなつもりじゃありませんよ」っていう人がいないってことだ？

黒部　そうそう。でもやってみて、なんか疲れちゃった（笑）。

——えっ、マッチングアプリをやって疲れることってあるの?
黒部　疲れちゃうんですよね。男性とやりとりをして会ったりとかしていると。
——えっ、直接会いました?　何人と?
黒部　ふたりだけですけど。
——ふたりも!?（笑）。
黒部　でも、ふたりだと少ないみたいですよ。一緒にご飯を食べに行ったりとかしましたよ。
——それはそれぞれ1回ずつ?
黒部　ひとりとは2回会ったのかな?　でも、なんかうまくいかないなーって。
——それは会ったあとに向こうからのリアクションがなくなったとか、そういうことですか?
黒部　そういうときもあるし、こっちからリアクションしなくなったとかもあったけど、どっちにしても疲れるなって。
——ある程度、自分のタイプだから会うわけですよね。
黒部　でも、それは実際に会ってみないとわからないですよ……。って、坂本さん!
坂本　うん?
黒部　さっきから、なんでずっと黙ってるの!（笑）。
坂本　聞き入ってるんですよ。気にせず続けて、続けて。
——じゃあ、マッチングアプリからはちょっと撤退気味で。
黒部　ひとり目はやさしそうな人で、一緒にカレーを食べに行ったりしたんですよ。そうしたら私が柔術の大会に出る日の朝にメッセージが来て「黒部さんとは友達としてはいいけど、将来が見えません」って言われて。
坂本　猪木問答か。
——アハハハハ!「明るい未来が見えません!」と（笑）。
黒部　これから柔術の試合だっていうのに「なんだよ!」と思って。付き合うとかって話もまだしてなかったのに（笑）。
——勝手に断ってくんなっていう（笑）。黒部さん、これどうしましょうね。格闘技だけじゃ時間が余っちゃうんじゃないですか?
黒部　いやまあ、そうですね。結婚してみたいですね。
——いまは恋人がほしいし、できたら結婚したい。
黒部　そうですね。
——べつにすぐにできると思うんですけどね。理想が高いとか?
黒部　そんなことないですよ。もともとは面食いでしたけど、大人になりいろんな魅力がわかるようになって、見た目はあまり関係ないなって。
——なるほどねえ。あれ?　坂本さん、いたんですか（笑）。
坂本　聞き入っちゃった（笑）。
——アハハハハ。とにかく黒部さんが元気そうでよかったですね。
坂本　プライベートはともかく大丈夫そうですね。いや、そろそろ俺からもいいですか?　あのね、黒部さんから見て、こないだのCOLORS旗揚げ戦はどうでした?　当日は解説もやっていただいたので近くで観てもらって、藤井恵CSOしかり、黒部さんしかり、先人たちが作ってきた女子格闘技のみを修斗の大会でできるようになった、復活できたというところで言えばどうでしたか?
黒部　解説しながらみんなの試合を観ていて、まずめちゃくちゃレベルが高い。みんな気合いが入っていて、いい試合が多かったです。極めにいこうという気持ち、勝ちにいこうという姿勢が凄く見えてよかったですね。私の個人的な意見ですけど、第2部の男の興行と比べても全然よかったです。

坂本　高評価だ。じゃあ、逆に問題点とか、もうちょっとこうしたほうがいいなという部分はありました？

黒部　あー。ちょっとねえ、なんで入場式でみんな同じCOLORSのTシャツを着て出てくる必要があるのかなって。

坂本　えっ？　それはよろしいがな（笑）。いや、あれはこれからCOLORSという新しいイベントを、みんなで盛り上げて認知させていこうということですよ。

黒部　連帯意識って格闘技に必要なの？

坂本　今後、継続してやっていくうちにCOLORSの団体色や競技色みたいなものは付いてくるだろうけど、まずは旗揚げということで、我々としては一体感を出したかったというのはあるんですよ。

黒部　一体感はいらねえな（笑）。

坂本　厳しいな（笑）。

――一体感なんかいらねえ（笑）。

黒部　それとまあ、あのときはちょっと言えなかったけどさ、これは言ったら怒られるのかな？

――えっ、なになに？

黒部　メインで勝って王者になった渡辺選手にティアラを贈呈してたでしょ。あのティアラって必要？

坂本　はあ？　いるでしょ！（笑）。

黒部　ティアラってほしいもん？（笑）。

坂本　究極の個人の感想だろ（笑）。

黒部　なんか軟派な感じがしちゃってさあ。もっと硬派なやつをあげればいいのになーって。

――じゃあ、黒部さんだったら何がほしいですか？　米俵を一俵とか？

黒部　それ、いいじゃん。ベルトを巻いて米俵を担ぐのは硬派でいいよ。

坂本　でも肝心の試合内容が硬派でよかったわけだから。

――でも黒部さんはそういうイベントの細部が気になったんですね。

黒部　そう。細部が。これ、怒られないかな？

坂本　いま主催者側の俺に直で言ってて、あと誰から怒られるんだ（笑）。じゃあ、黒部さんが思う硬派ってなんですか？　だって試合自体はよかったって、さっき言ったでしょ。

黒部　だって修斗って硬派じゃないですか。

坂本　いや、男子も女子もやっていることは当然硬派ですよ。でも繰り返しになりますけど、COLORSという新しい女子だけの修斗のイベントは始まったばかりで、誰にもまだCOLORSがどういうものかがわかっていない。その試行錯誤をしている最中で、選手にロゴ入りのTシャツを着てもらったりティアラというのは、あえて男子にはないものをやりたいっていうところからの発想ですよね。それがもしかしたら間違っているのかもしれない。

黒部　間違ってる（笑）。

坂本　（聞かずに）じつは検討違いの方向に行っている可能性だってあるのかもしれない。そこで黒部さんのそういう意見があるというのはとても大事で、ただしイベントは概ね悪くなかったんじゃないかなって思うんですけどね（笑）。

黒部　そうかなあ？

坂本　いやいや、全体的にはよかっただろ⁉

（笑）。でも、いずれ黒部さんの頭上にティアラが乗ることもあるかもしれないわけですよ。

黒部　5年後に（笑）。

——でもリングスであったウイニングローレルと考えたらしっくりくるでしょ？

坂本　金の月桂樹ね。

黒部　たしかに。

——それが女性だからティアラだと。

黒部　だからそこよ。あまりにもその「女性だから」を前面に出しすぎてるからしっくりこないのよ。無理に出そうとしているから。

坂本　競技として、やっているルールとかは男女すべて一緒だけど、イベントのカテゴライズとして違うものだと捉えてるじゃないですか。それがいいっていうのと、悪いっていうのと、両方あると思うんですよね。さっきも言ったように、いまは試行錯誤の段階だから。

——だから黒部さんの理論だと、もうCOLORSという女子だけの興行が必要ないってことになりますよね。修斗のような硬派な公式戦があって、これまで通りその公式戦の中に女子の試合も組めばいいってことですよね？

黒部　でも、それだと若いコが育たなかったりするのよ。試合を組まれる機会、数が限られるし、やっぱCOLORSっていうのはあったほうがいいんですよ。

——女子だけの大会をやることはあり？

黒部　もちろんありですよ。

坂本　逆に言うと、若い選手たちが育つため、あるいはどうしたら若い選手たちが喜ぶかっていうことを、おっさんたちは考えなきゃいけないわけですよ。そこでない知恵を絞って考えて、ひねり出されたアイデアがティアラだったんですかね（苦笑）。

——苦笑！（笑）。

坂本　ああ、俺たちは間違っていたのかもしれないね（苦笑）。

——みんなティアラをほしがると思っていた（笑）。

坂本　そうそう（笑）。だって渡辺選手も喜んでくれていた気がするんだけどな。でも、たしかに若いコの意見を聞いたわけではないもんな。俺はもうティアラ贈呈のプランを聞いた瞬間に「それだ！」って言っちゃいましたからね（笑）。

黒部　じゃあ、これからは若いコの意見もどんどん聞きましょう。

坂本　今度、誰か若いコを連れてきてもらいます？

坂本　私、若いコの知り合いが全然いない（笑）。

——黒部さん的には、もっと早くからこういう女子の大会があったほうがよかったなっていうのはない？

黒部　そういうのはない。

——修斗の公式戦に出ていたことは望むところだったと？

黒部　そう。私は修斗の公式戦に出ることが望むところでした。

——そうなんですね。じゃあ、COLORSの解説の仕事も断れよ（笑）。

黒部　だから今度からは副音声で文句だけ言うっていうのをやらせてもらおうかな（笑）。

——「はいはい、ティアラ出たぁ～」って（笑）。

坂本　いやいや、ちょっと待った。黒部さん、まだ帰らないで。COLORSの話、もっと続けましょう（つづく）。

TARZAN by TARZAN
ターザン バイ ターザン

TARZAN YAMAMOTO

INTERVIEW SERIALIZATION

VOL.046

はたして定義王・ターザン山本！は、ターザン山本！を定義することができるのか？「アントニオ猪木は絶対に何も考えていない！　プランもデザインも図面も何もない！　でも結果的にとんでもない流れを組み立てていくわけですよ。かならず渦を巻き起こすというのは猪木さんの目に見えない才能であって、だから長州に『全日本に行ってこい』って言ったというのはこれは猪木あるあるだよ！」

絵　五木田智央　聞き手　井上崇宏

第四十六章 不治の病

「新間さんと佐山さんとジャガーさんからのご祝儀によって、クレジットカードの支払いがクリアできたんよ」

――山本さん、あらためてご結婚おめでとうございました。

山本 いや、みんなにそうやって「おめでとう」と言われるけど、俺は今回ある現実を知ったんですよ！

――なんですか？

山本 まず「おめでとう！」って言う人と、何も言わずにご祝儀をくれる人、そのふたつのタイプがいるなと思ったんよ。

――言葉だけかけてくる人と、ちゃんと形を渡す人の2タイプが。

山本 形があった人は5人だね。それで私は凄く助かったんよ。つまり毎月10日にふたつのクレジットカードの支払いがあるわけですよ。その支払いがそのご祝儀によってクリアできたっていうね。

――すぐに生活費に充てた（笑）。

山本 しかも、その5人の中には新間（寿）さんと佐山（聡）さん、ジャガー横田さんがいたんですよ。新間さんがさ、6月26日という猪木vsアリがあった記念日に「ターザン山本さんの結婚祝いをしましょう」っていうのを提案してくれたんですよ。こんな俺のためにわざわざですよ？ それで帝国ホテルにある中華料理店『北京』で20人以上も集まってくれたわけですよ。そこには『スポーツ報知』の福留（崇広）さんとかマスコミの人たちもいたわけですよ。

――山本さんの部下だった安西（伸一）さんもいたんですよね？

山本 安西もいたねえ。それで、そこにはもちろん俺の彼女も一緒にいて。あとはストロングスタイルプロレスのレスラーたちもいっぱいいてさぁ、「べつにここまでしなくてもいいのに」と思ったんだけど、とにかく俺は新間さんと佐山さんとジャガーさんからのご祝儀によって、ふたつのクレジットカードの支払いがクリアできたというさ。

――会を開いてもらった意味がありましたね。

山本 そこの部分では俺はもの凄く感謝して、救われたな、ありがたいなと思ってね。

――結婚と関係ねえ（笑）。

山本 だって10日の支払いをクリアしないことには次からそのカードが使えなくなるじゃない。そこでもし払えなかったら、そのことが記録に残ってカードが作れなくなるし。それがまさかそこで俺は新間さん、佐山さん、ジャガーさんからご祝儀をもらえるとは思ってもいないもんね。

――ご祝儀をもらえていなかったら、どうなっていたのやら（笑）。

山本　しかも、こそ～っと渡してくれたことに俺は余計に感動してさ。いやあ、俺は凄くそのことにビックリしたね！　あのね、俺の場合は、偶数月に20数万円の年金が入ってくるわけですよ。そこでアパート代の6万5000円を払うとかってことができるわけだけど、奇数月は収入がほとんどないんですよ。だから7月10日の支払いはさ、要するに奇数月だから非常に危なかったんよ。だからもう、俺にとっては神が降臨したみたいで凄かったですねえ。だから今後も、俺は奇数月のときに結婚しようかなと思っているんだよねえ。

――凄いことを思っているな。

山本　だって俺にはなんの縛りもないわけじゃない。自由であることが人生のテーマですから。今回の結婚だって同居していないし、籍も入れていないんだから、別れるも別れないも関係ないわけよ。そういった意味では、いつ結婚しようが、それが消滅しようが関係ないわけですよぉ。

――だったら、ご祝儀ももらったらいけない気がしますけどね（笑）。

山本　いやいや、俺だってご祝儀があるなんて思っていないわけじゃないですか。ハッキリ言って、まともな結婚じゃないんだからさ。理にかなっていないんだから。社会のルールからは逸脱している結婚なんだからさ。それでもご祝儀を出してくれた人がいるっていうのはうれしいかぎりだよな。じゃあさ、ほかの連中はなんでご祝儀を出さないんだよ？　チッ（舌打ち）。

「あげる側とタカる側の微妙な関係っていうのは楽しいよね。むしろあげる側は気持ちがいいわけじゃないですか」

――すみません、本当に。ボクはいま非常に気まずい思いをしていますよ。

山本　まあまあ。だから俺は思ったよ、「金をくれる人は偉いな」って。

――新間さん、佐山さん、ジャガーさんは、心がリッチな人たちですね。

山本　そこですよ！　心がリッチであり、関係性がリッチなんですよ！　それって凄く重要だよね！　ある意味ではそれはラブでもあるし、ある意味では人間関係に投資をしているわけじゃないですか。投資とラブが同時に一緒なんですよ。

――同時に一緒。

山本　同時に一緒は重要ですよ！　ハッキリ言って俺は結婚して以来、運気上昇ですよ！　そしてさ、おもしろいことにさ、こうして俺がご祝儀をもらったことをあちこちで話すでしょ。そうしたらさ、「これは負けていられない！」ってことで5万円も包んでくれた人がいたんよ。5万円だよ!?

――それなんですよ。いや、山本さんの手口はいつも同じなんですよ。そうやっていつもまわりに競わせているじゃないですか。

山本 そうそうそう（笑）。

――そうそうそうじゃなくて（笑）。でもね、山本さん、忘れちゃいけませんよ。今年、ボクは山本さんにお年玉をあげましたよね。

山本 パン！（手を叩く）。わかってますよ！ 憶えてるよ！ 憶えていますよ！ 憶えておりますですよ！ だからさ、こういうさ、あげる側とタカる側の微妙な関係っていうのは楽しいよね。むしろあげる側は気持ちがいいわけじゃないですか。

――そうですね。たしかにハッピーに気持ちになりますね（笑）。

山本 もらう側の喜びよりも、あげる側のほうがはるかにハッピーですよ！

――ボク、「山本さんにお年玉をあげたい！」って思いましたもん。

山本 そのハッピー指数は高いと思うんですよ。

――ハッピー指数（笑）。

山本 俺はもらう側だけど、あげる側のあなたたちよりもハッピーではないからねえ。

――張り倒すぞ、マジで（笑）。

山本 「本当はキミたちのほうがハッピーでしょ？ そうじゃない？ そう言いなよ」って俺は言いたいよ。だから井上くん！ キミもおめでとう！

――ウス！（笑）。

山本 それでさ、今回の結婚を公表して以来、仕事の依頼も多いんよ。

――えっ、本当ですか？

山本 ホント、ホント。

――まあ、メディアでも取り上げられましたもんね。

山本 原稿の依頼が来て書いたりとか、トークショーに出演してくれだとか。それでいちばんおもしろかったのは高野拳磁ですよ。

――あっ！ それ、なんなんですか？

山本 なんか知らないけど、高野拳磁がツイッターで俺に絡んできたんですよ。あのね、俺はAWAが大好きなんよ。バーン・ガニアとかバロン・フォン・ラシクがね。AWAというのはアメリカンプロレスにおいては非常にストロングスタイルなんですよ。あそこにはいいレスラーが揃っていたわけ。ウォリアーズとかさ。そのことを俺がつぶやいたらさ、それに高野拳磁が反応したわけですよ。要するに高野拳磁はAWAで仕事をしていたんよ。だからそこでつながっちゃってさ。

「えっ、高野拳磁は甲本ヒロトさんと仲良しだったん？　高野拳磁もセンスがいいねえ！」

――それと山本さんが週プロの編集長時代、高野家でよくちゃんこ鍋を食ったりしていましたよね。

山本　そうそう。山口日昇とかShow大谷とかとね。祖師谷にあった高野の家に集まってさ、高野が作ってくれる新日流の派手なちゃんこをみんなで食べてたんよ。

――派手なちゃんこ（笑）。

山本　そこで俺たちは朝まで語り合って青春してたんよ。高野は非常におもしろいんですよ。鍋を食って、おしゃべりをしていたらさ、最後に「おまえら、今日はひとり1万ずつ置いていけ」ってShowとか山口さんからお金を取るわけですよ（笑）。

――入場料として（笑）。

山本　それがいちばんおもしろかったねえ。

――でも山本さんからは徴収しないわけですよね？

山本　俺には言わないよ。

――当時は飛ぶ鳥を落とす勢いの週プロ編集長ですからね。接待しないと（笑）。

山本　とにかく、いま、そんお高野拳磁がツイッターにガンガン登場してくるわけですよ！　それで俺にも反応してくるようになったわけだけど、要するにアイツは非常に自由な生き方をしているわけですよ。まあ、アメリカで○○○をやっているらしいんだけどね。本当かどうかは知らないけどさ。

――それはわからないですけどね。

山本　わからなくて非常に謎なわけよ。だからと言って、ツイッターで本人に聞くわけにもいかないし（笑）。でも彼は「俺は野良犬と言われているけど、自由を求めている野良犬なんだ」って言うわけよ。「それが俺のポリシーだ。だから俺はアメリカに渡ったんだよ」っていうようなことを言っているわけ。それで、その俺と高野のやりとりを見て気に入った、高円寺パンディットの奥野さんという人が「ウチでトークイベントをやりませんか？」と誘ってきたわけですよ！

――あっ、高円寺でやるんですね。

山本　高円寺でやるんよ。7月25日に。でもさ、俺はこう言ったわけ。「いや、トークショーって、高野は日本には来れないよ」って言ったら、「いや、私が話をつけました。リモートで会場と繋いでやります」と言うわけですよ。

――リモートでトークイベントができますよと。

山本　「そんなの大丈夫なの？」って聞いたら、「高野さんもやりたいって言ってます」っていうことで乗り気になっちゃってさ、それでリモートで高野とトークショーをやるんですよ。

――へえー。おもしろそう。いや、高野拳磁と言えばですよ。かつてボクは山本さんに拾っていただいて週プロでバイトをしていたじゃないですか。ある日、1日だけ「すみません、風邪をひいて熱が出ました」と言って、バイトを休んだ日があったんですよ。

山本　それがどうしたん？

――じつは週プロ編集部に出入りしていたＳｈｏｗ大谷に頼み込んで、高野拳磁と繋いでもらって、そのずる休みをした日、ボクは高野拳磁とＳｈｏｗ大谷と、甲本ヒロトさんと4人で早朝から釣りに行ってました（笑）。

山本　えっ？　甲本さんも？　なんでそこに甲本さんがいるん？

――ヒロトさんと高野拳磁って、当時、めっちゃ仲良しだったんですよ。それでよく釣りに行っているらしいということを風の噂で知りまして。だからボクに甲本ヒロトさんを紹介してくれたのは高野拳磁なんですよ（笑）。

山本　高野は甲本さんと仲良しだった？　高野拳磁もセンスがいいねえ！

――そうなんですよ。

山本　いや、甲本さんっていうのは本当に大変な人よ。放つ言葉も凄いしさ、生き方も凄いしさ。常に時代の最先端を行っている人ですよ。そんな人と高野が仲よかったん？

――時期的には、山本さんが高野家でちゃんこ鍋をつついていた頃と同時期ですよ。

山本　ホントに？　はあー！　いや、なんとなくそのふたりが会話をしているところは想像がつくな！

――『情熱の薔薇』というヒロトさんがブルーハーツ時代に作った曲があるんですよ。そのなかで「花瓶に水をあげましょう。心のずっと奥のほう」っていう歌詞があるんですね。それを高野拳磁が「あれ、おかしいだろ。水は花にやるものであって、花瓶にやるものじゃねえよ」って言ったら、ヒロトさんが「そう。そこに気づいたのは高野くんだけだよ」って答えたっていう。

山本　ほぉ～！　甲本さんがそこで受けて立ったというのは凄いねえ！

「あらゆるジャンルの中で、いまだに昭和にこだわっているのはプロレスだけなんですよ。まったく時代遅れも甚だしいわけ」

――受けて立ったというか、まあ、普通に答えたんでしょうね（笑）。

山本　いやいや、そこに気づく高野も凄いし、それを認める甲本さんも凄いなあ。いや、高野の感性は抜群なんですよ！　だからさ、いまの姿を見ても、まったく老けてないもんな。

――変わらないですよね。むしろ身体がシェイプされていて、いまのほうがカッコいいくらいで。

山本　まるでハリウッドの映画スターのようだよな。サングラスをかけていてね。

――雰囲気ありますよね。

山本　サングラスかけてね。いやあ、おもしろいねえ。今回のトークショーを主催する奥野さんも「今回のイベントは事件ですよ」って自分で言ってますよ。いや、理解できましたよ。あのさ、高野拳磁は新たに再評価されるべきというか、見直さなきゃいけない存在だと俺は思っているんですよ。誰からも束縛されないあの自由な生き方をさ。

――写真で見るコンディションのよさから、まだ終わっちゃいないなっていう感じがしますもんね。

山本　あるよね。

――あと、とにかく言うことがおもしろいじゃないですか。

山本　しゃべっていることや書いていることがおもしろいわけですよ。常識から外れている、規格から外れているわけですよ。しかもそれを本人は無意識でやっているじゃないですか。だから凄いよね。まったく計算していないわけですよ。

――こういう言い方はあれですけど、まだ生きていたことに驚きますもんね。

山本　そうですよ！

――生き様的に野垂れ死んでるんじゃないかって思わせますもんね。

山本　ハッキリ言ったら、俺たちの前から消えて行ったわけじゃない。野垂れ死にしているのか、それともホームレスになってるのかとか、こっちはそう思うわけじゃないですか。それが逆にピンピンしていると。あの男は個人としての生き方を謳歌してますよ！

――いま、60前くらいですよね。

山本　そんなもんだね。だからお兄ちゃんのジョージ高野よりも、弟のほうが生き方がダイナミックでスケール感があるんよね。それとまったくプロレスに依存していないじゃないですか。プロレス以外のところできちんと自分を確立しているってことが珍しいよね。ツイッターもいちいちおもしろいし。チラチラとネタを小出しにしてきて、たとえばスコット・ノートンとかビッグバン・ベイダーが若手の頃、AWAでラリー・ヘニングやラシクに説教されてたっていうことを書いているわけですよ。そういうことを教えてくれるから楽しいじゃないですか。

――そうですね。

山本　だからさ、これからの時代は何が起こるか本当にわからないよ。これから時代は劇的に変わるね。チャットＧＰＴが出てきたことによって劇的に変わりますよ。天国なのか地獄なのかですよ！　ある人にとっては天国になるだろうし、ある人にとっては地獄になるね。その落差が物凄く大きいわけですよ。だってＡＩによって、プログラマーとかああいう人たちの職を奪われてしまうわけですよ。

——最先端を行っていたはずの人たちこそが。

山本　だからいま、プログラマーの人たちは戦々恐々としているわけですよ。そういった意味で言うと、安定していた時代がいつどこでひっくり返るかっていう、そういうことがこれからどんどん当たり前のように次々と起きてくる時代ですよ。ということはね、長生きしなければいけないわけですよ。この時代の移り変わりを見届けないといけないじゃない。時代がどんなふうに変わって、どんなふうに天国と地獄があるのかっていうのを見なきゃいけないわけですよ。

——見届けたいし、味わいたいし。

山本　味わいたいし。そこで昭和というのは完全に沈没する。だけど、昭和にこだわっているプロレスファンも多いわけよ。あらゆるジャンルの中で、いまだに昭和にこだわっているのはプロレスだけなんですよ。まったく時代遅れも甚だしいわけですよ。

——プロレスファンだけ（笑）。

山本　だから俺がいつもバカバカしいと思うのはさ、熊本の旅館破壊事件ってあるでしょ。あれをああでもこうでもないっていまだにやっているんだけど、そんなどうでもいいことをさ、根掘り葉掘りさ、本当はこうだったって証言者が出てきたりとかさ。あるいは古舘伊知郎さんなんかは現場にいなかったのにさ、いつの間にか自分でもあの場にいた気になってて、あることないことを語っていたというさ（笑）。

——古舘さんは嘘をついていたつもりはなく、いろんな人から話を聞いているうちに本気で自分のあの場にいたと思い込んでいたらしいですね（笑）。

山本　あれは『週刊ファイト』の井上（義啓）編集長の活字プロレスとそっくりですよ！

——病気ですね（笑）。

山本　あの人たちは病気ですよ！　もう古舘さんは井上編集長を超えたなと思ってさ（笑）。あの旅館の事件に関して言うとさ、昔は地方巡業に行くと、団体はホテルじゃなしに旅館に泊まっていたんですよ。ホテルだったら各部屋が別々だけど、旅館には大広間があって、みんなはそこで食事をするわけよ。そういう伝統があの時代はまだ残っていたわけですよ。そんなのはいまでは珍しいわけですよ。

「猪木さんは言いっぱなしのやりっぱなしで、先のことは何も考えていないわけですよ。猪木さんは絶対に何も考えていない！」

――あの日は、新日本とＵＷＦで「ちょっと仲良くやろうや」っていう会だったんですよね。

山本　そうそう。新日とＵの間に微妙な力関係があったものを友好関係にするためにやったもので、それが何かのきっかけでブチッと切れたというかさ。でも、それは同じ穴のムジナだから、俺からすれば共同脚本なわけですよ。両サイドがおもしろがってやっているだけなんですよ。要するに共犯者ですよ。本気で憎しみ合ってやってはいないんですよ。そこがまたおもしろいわけですよ。

――そうですよね。クマがじゃれあっているだけですもんね（笑）。

山本　同じ穴のムジナがじゃれあっているだけなんですよ。そこをわからない人間どもが、誰がやっただとか、仕掛けただとか、ホントはこうだったに違いないとかって言うじゃない。

――それで、みんな酔っ払っていたから、当事者たちの証言もてんでバラバラっていう（笑）。

山本　ああいうことは全日本だったら起こらないんですよ。つまり馬場さんという軸がハッキリしているから。猪木さんにも軸はあるんだけど、なぜか決まってカオスな状態になるんですよ。それもよしとする軸というかさ、それもエネルギーであるというさ。そのへんがおもしろいんであって、誰が仕掛けたとか、そんなことはどうでもいいんですよ。それをいつまでも昭和にこだわって幻想を守ろう、維持しようとして、根掘り葉掘り検証したりだとか、スキャンダルとか暴露とかをやっているのはプロレスだけですよ。

――こっちはＡＩじゃなくて、まだまだＢＩだと（笑）。

山本　どれだけ時代遅れなんだって思うわけよ。陰謀もへったくれもないんですよ。あんなの、じゃれあってるだけですから！

――イデオロギーなんてあるわけないと（笑）。

山本　あるわけない！　それはもともと！（笑）。ただ暴れてるだけ！　プロレスの世界というか、プロレスラーっていうのはお互いに共犯者なんですよ。だから『Ｇスピリッツ』のタイガー服部さんのインタビューでさ、長州が新日本から離れて、ジャパンプロレスを作って全日本に行ったとき、あれは猪木が「行ってこい」と言ったと。

――いや、衝撃的ですよね。

山本　要するにあの電撃移籍は、猪木が長州に「全日本に行け」と言って指示を出したと。あれを読んだときにさ、ホントかウソかわからないんだけど、妙に真実味が帯びてくるわけですよ。

——そうですよね。「ない話じゃないな」っていう。

山本　それでこっちも「えっ、そうなのか!?」って引き込まれるというさ。バカな人生ですよ、これえ！（笑）。

——ターザン山本も昭和にひきずられて（笑）。

山本　そこでまた興奮してさ、あの新日本プロレスがよみがえるわけじゃないですか。

——「猪木が指示したって、なんのために？」っていう。「じゃあ、結局馬場と猪木はできてたのか？」とか。

山本　そうそう。「すべて水面下でできているんだよ」っていうことを言っているわけじゃないですか。

——まあ、できていないにせよ、馬場と猪木は確実にじゃれあっていたと（笑）。

山本　だから猪木さんが前田にさ、「おまえ、先に行ってこい」って言ったとされるＵＷＦ、あれも出来レースなんですよ。猪木さんはそう言いっぱなしで、その先のことは何も考えていないわけですよ。猪木さんは絶対に何も考えていない！

——恐ろしい人です。

山本　プランが何もないんですよ。ハッキリ言ってデザインがないんよ。猪木さんには図面がないんですよ。

——サグラダ・ファミリアの建設とかとは違って、いったいどこに向かって、何を作っているのかわからない状態のままやっている（笑）。

山本　だから「おまえ、とりあえず先に行っておけ」とか言うわけですよ、あの人は。でも、それが結果的にとんでもない流れを組み立てていくわけですよ。かならず渦を巻き起こすじゃないですか。それは猪木さんの目に見えない才能であって、俺は猪木さんの才能ってそこにあると思うんよ。だから長州にも「おまえ、全日本に行ってこい」って言ったというのは、これは猪木さんだったらあるな！　猪木あるあるだよ！

「言っちゃ悪いけど、長州力はアントニオ猪木の猿回しですよ！　それで長州はいつもカーッとなるんよ！」

——猪木ならあると（笑）。

山本　しかし、なんら読みも展開もゼロであると（笑）。その先を描く必要がない。見る必要もないんですよ。それが結果どうなってもいいと（笑）。「俺は知らない。まあ、何かあるだろ」という猪木さんの人知を超えた発想というかさ。それぐらい俺の中では、あの服部さんの言葉は衝撃的だったんですよ。だからすべての犯人はアントニオ猪木なんですよぉぉ！　なんて無責任な！（笑）。言っちゃ悪いけど、長州力はアントニオ猪木の猿回しですよ！

——だから長州はいまだに「あの人は聖人でもなんでもない」と言いますもんね。

山本　第2回IWGP決勝で、乱入してきた長州がリング下でホーガンにラリアットをやったじゃないですか。あれで国技館で暴動に起きてさ、長州は「こんなのやってられない！」って六本木でやけ酒を煽ったっていうね。もうすべて猪木さんの猿回しですよ（笑）。もう1個ありますよ。パキスタン遠征でさ、長州は「今日、おまえは藤波とタッグを組め」って猪木さんに言われたんだよね。あんな抗争中にさ、普通は「おまえら、タッグを組め」とか言わないですよ。あれも長州が新日本を出て行くひとつの原因になったんだよね。

——あれで日本に帰国した長州が空港で「ゲームオーバー」って言ったっていう。

山本　それは村松友視さんに向かって叫んだんよ。だから、それもそういう形に持っていくように猪木はふたりを組ませたわけじゃないですか。あれはパキスタン遠征で特にドラマがないから、東スポに記事を作らせるためにたぶん組ませたんだけどね。

——あっ、そうなんですね。

山本　犬猿の仲のふたりが組ませることについて、藤波さんは特に何も感じないけど、長州はカーッとなるんよ。それはなぜかと言えば、常に自分は猪木の猿回しであるということを知っているわけ。長州はそういうのに敏感だから。その猪木の気まぐれに「俺はなぜいつも付き合わなきゃいけないんだ！」っていう。でも長州はそれによって新たなるモチベーションを獲得して、外に出て行くわけじゃないですか。

——結果、すべてが長州飛躍のきっかけになっていますよね。

山本　だからやっぱり猪木がいちばんの仕掛け人なんですよ。新間さんの仕掛けよりもそっちのほうがはるかに大きいんですよ。人間関係やコミュニケーションに対して仕掛ける大天才ですよ。人の人生をガンガン踏みにじるんですよ。でも、その時点では何も考えていないんだけど、それをやることによって何かが動き出す、回転する、トラブルを起こす。そこは読んでいるわけですよ。

——結果は知らんけど。

山本　結果は知らん。でも、そうしたほうが絶対にいい方向に向かうという読みがあるんですよ。現実的にそれはネガティブだけど、最終的に絶対にポジティブになっていくという猪木さんのいいかげんな読みがあるわけですよ。なんなら歴史に足跡を残してやれみたいな。

——残してやれみたいな（笑）。

山本　池に石をボトンと落として波紋を起こすみたいなさ。まあ、いいかげんというか、無責任というか。だから猪木さんと一緒の世界にいるということは、そこまで巻き込まれるということだからね。

——理不尽ですね。

山本　ことごとく翻弄されるというか、理不尽を体感しなきゃいけないってことですよ。それで鍛えられるわけですよ。

——やっぱり昭和はやめられないじゃないですか（笑）。

山本　病気ですよ！　俺がいつも言うようにこれは不治の病ですよ！

ターザン山本！（たーざん・やまもと）
1946年4月26日生まれ、山口県岩国市出身。ライター。元『週刊プロレス』編集長。立命館大学を中退後、映写技師を経て新大阪新聞社に入社して『週刊ファイト』で記者を務める。その後、ベースボール・マガジン社に移籍。1987年に『週刊プロレス』の編集長に就任し、"活字プロレス""密航"などの流行語を生み、週プロを公称40万部という怪物メディアへと成長させた。

ミラクルマスター ジム
フィットネス
プロレス
初心者歓迎
いいか
お前ら
喧嘩自慢か
なんか
知らんけど
仮面サンクス
第105話 ミラクルマスタージム①
吉泉知彦
お前らなんか
相手にしてるほど
こっちは暇じゃ
ないんだ
ニヤニヤ
ニヤニヤ
HELL
それに
ここは
土禁だぞ
靴脱いで
入ってこい
最近の若いのは
みんなこう
なのか
最低限の
礼儀ってもん
あるんだぞ
分かったら
帰れ帰れ

全国各地のジムで、こういうシーンが頻発しているんですかねー。

おい
ミラクル
オレと
戦え
やめとけ
やめとけ
怪我じゃ
済まねえぞ
こっちは
プロだぞ
こっち
だって
わざわざ
山形から
来てんだぞ
知るか
勝手に
来たんだろ
お前ら
みたいなの
相手にしてたら
キリがないんだ
なあ
パンサー
はあ？

しょうがねえな
こん中から誰かひとり相手してやるか
おい
ジム開いたから遊びに来いって言うから来たら
こんなことかよ
おいミラクル
オレと戦えよ
分かった分かった
こいつに勝ったらオレが戦ってやるよ
ふざけんなよ
オレがなんでこんなガキどもの相手しなくちゃなんねーんだ

いいだろ
すぐ
終わるよ
やだよ
怪我させ
たくねーもん
警察
呼べよ
みっとも
ねえだろ
大丈夫だよ
こんなの
相手にすんな
ごちゃごちゃ
言ってん
じゃねえ
オレと
戦うのが
こえーのか
こえーわけ
ねえだろ
バカ
ああ?
帰るぞ
くだらねえ
え!
帰るのは
待ってくれ
飯おごる
から
……
つづく

KENICHI ITO

涙枯れるまで泣くほうがEマイナー

VOL.32

「プロ練」

伊藤健一

（いとう・けんいち）
1975年11月9日生まれ、東京都港区出身。格闘家、さらに企業家としての顔を持つため“闘うIT社長”と呼ばれている。ターザン山本！信奉者であり、UWF研究家でもある。

先日、師匠である髙阪剛率いる「アライアンス」の〝プロ練〟にひさしぶりに参加した。

プロ練というのは、その名の通りプロ選手たちが集まる練習会のことで、そのジムの所属選手はもちろん、出稽古も多い。選手ごとに各自のライフスタイルがあるし、自身の所属ジムのプロ練だと時間が合わなかったりするので、意外と所属ジム以外の選手のほうが参加が多かったりする。

私が積極的に参加していた頃はＰＲＩＤＥ全盛だったが、ＭＭＡジム自体がいまほど多くなかったので、髙阪さんの人柄もあって、アライアンスのプロ練にはいろんな選手が来ていた。

髙阪さんの盟友である吉田秀彦、藤田和之やジョシュ・バーネットにボブ・サップ、そして私の大好物であるＵＷＦや、新日本プロレス、ノアの選手たちも総合の試合があるときは練習に来ていた。山本〝ＫＩＤ〟徳郁選手もたまに来ていたので、私も何度も組ませてもらった。ＫＩＤ選手のパウンドは強烈で、人生で初めてパンチで鼻血を出させられたのはＫＩＤ選手だった。

髙阪、吉田、藤田たちのスパーリングは毎回凄まじく、近くにいるだけで怪我しそうで、吉田は腕力が凄いので、ただのヘッドロックでいつもタップを奪っていたし、藤田のタックルは軽く入っただけで人が飛んで行った。

ジョシュは強すぎて、日本のトップ相手でも軽くじゃれている感じなので、パワーボムを使ったりして遊んでいたほどだ。ジムの入り口に40センチくらいの大きなスニーカーがあると今日はサップがいるってことなので、テンションがあがった。当時は空前のサップブームで、サップも強かったときだったが、シアトルで一緒に練習して旧知の仲であった髙阪さんは「ボブは気が弱いからなー」といつもちょっと小馬鹿にしていて、その後のサップの姿を予見していた。

ＰＲＩＤＥにプロレスラーが出ることも多かったので、ＵＷＦ、新日本プロレス、そしてノア軍団も、試合前にはよく練習に

来ていて、UWF研究家としてはヨダレが出るような光景を何度も見ることができた。

　私が学生の頃、打撃をよく真似していた安生洋二が来たときは「アニキの目が輝いていた」と弟に言われたほど嬉しかったし、ヤマケン節には、素知らぬ顔をして聞き耳を立てていた。

　ノアからは丸藤正道、森嶋猛、杉浦貴の3人がよく来ていたが、みんな気持ちが強く、杉浦は普通にPRIDEでも活躍していたし、丸藤のタックルに入るタイミングが素晴らしく、格闘センスを感じた。そして森嶋が、髙阪さんや藤田などにボコボコにやられても、気持ちを出してガンガン前に出る姿勢でがんばっていたので、全日本系はまったく興味のない私でも、思わず「ノアだけはガチ」と呟いてしまった。その一方で、我らが新日軍は集団で固まっており、あまり外部と練習はしていない印象で少しガッカリしてしまった。

　まあ、プロの評価はリングの結果だけで練習は関係なく、私はただ格闘マニアとして練習での光景を書いているだけであることをご理解いただきたい。

　新日と言えば、いつも井上編集長に「ここ数年でいちばんの傑作」だと言っている名書『YOSHITATSU BY YOSHITATSU「WORLD FAMOUS」と呼ばれた男』の中で、ヨシタツがヤングライオン時代に、アライアンスのプロ練に通っていたと言っていたが、私の記憶では1、2回しか見たことがなかった（笑）。しかしプロレスは巡業もあるし、その中で出稽古に来るのは、かなり困難なことであるのは間違いない。

　練習前に、髙阪さんから「今日、〝レイ〟が来るよ」と言われた。（誰だ？）と思ったら、そのレイとは『ROAD TO UFC』に参戦中の鶴屋怜選手だった。ちなみに私は、昔、彼の父である鶴屋浩さんと闘ったことがあり、見事に腕十字で腕をぶっ壊されている。

　そんな因縁がある怜選手の動きを初めて見たが、動きが独創的で、小さい頃からレスリングと柔術をやっているので、完璧なMMA選手に見え、プロ練を20年近く見てきたが、いままでいちばんの選手だと思うくらい、衝撃を受けた。

　私も、前ほどプロ練には行けなくなってしまったが、コンディションを整えて、やれるまで怜選手のようないまの強い選手たちと組み合っていきたいと思っている。

マッスル坂井と
真夜中のテレフォンで。

7/12

MUSCLE SAKAI DEEPNIGHT TELEPHONE

「井上さんの今年下半期はどうなんですか？
えっ、復活を遂げた『しいたけ占い』をまだ見てないの⁉
『しいたけ占い』の占い師・しいたけ．さんが
自身の公式サイトをオープンして、そこですでに
2023年下半期の占いを公開してますよ！
なんで見てないの！　あんなにやさしくて励みに
なるというのに‼」

「あの奥付のページが『有吉反省会』であり『アウトデラックス』なんですよ。つまりスターへの登竜門」

――きのう、長州力さんの娘婿の慎太郎さんからLINEが来たんですよ。

坂井　ああ、ご職業がキャメラマンの慎太郎さんですね。

――普段は連絡なんてないから、いったいなんの用かなと思ったら、最新号（139号）の『KAMINOGE』の奥付のページに私が慎太郎さんの写真を載せていたんですよ。

坂井　ああ、なんか「体重が49キロしかない」みたいなことを書いてたやつね。

――そうそう、慎太郎さんってガリガリ君なんですよ。それでも前は50キロ台をキープしていたんだけど、いまは常時49キロで食っても食っても体重が増えないと。もう長州さんと出会ってからは痩せていく一方だと。それで「ちなみに服のサイズは？」って聞いたら「XSもしくはXXSです」と。

坂井　それ、なかなか探せないですよね。

――それで私はその慎太郎さんの写真を「スーパーアトム級です」みたいなことを書いて載っけたんですけど、その奥付に載っていた自分の写真をLINEで送ってきて「こちらありがとうございます！（涙）」と。

坂井　それって本人には無許可で載っけてるんでしょ？

――無許可です。

坂井　で、なんでお礼を言ってくるの？

――だから私も「それ、完全に忘れてました。いや、お礼を言われても（笑）」って返したんですよ。そうしたらなんて言ってきたと思います？

坂井　えっと、「遺影にさせていただきま

構成：井上崇宏

す！」とか？

――違います。「お顔を売らせていただき感謝です（涙）」。

坂井　なんそれ！（笑）。

――「お顔を売らせていただき感謝」だなんて、なんて育ちがいいんですか（笑）。

坂井　俺、そんなお礼を人にしたことがないよ。「お顔を売らせていただき」なんだー。

――だから、それってつまり「世に出るチャンスをくれて感謝」ってことですよね？　こっちがひやかしでやっているってことに対していっさい気づかずに、あまつさえ感謝をしているという気品の高さ。

坂井　いや、それはね、本来あのスペースはからかいとかイジリの場であるにも関わらず、同時に「あそこがいちばんオイシイ場所です」ってことを慎太郎さんは直感的にわかっているんですよ。

――どういうこと？

坂井　だって冷静に考えてみてくださいよ。この『KAMINOGE』も長くやってきて、もう10年以上でしょ？　作っている本人ももう忘れているかもしれないけど、たとえば初期の頃の長州力さんのインタビューって、やっぱりちょっと固めの内容だったんですよ。

――そうでしたっけ？

坂井　聞き手が当たり前にように長州力に緊張しているインタビューだったんですよ。だけど井上さんは、あの奥付のページで編集後記的に長州さんの写真に一言ふざけたキャプションを添えて載せ出したんですよ。意外とそこから井上さんは長州さんとの距離を詰めていってるんですよ。

――いや、全然知らないです、それ。まったく心当たりがない。

坂井　いや、あのページでけっこうレジェンドをいじってるんですよ。あそこで距離を詰めて既成事実を作っていってるから、たしかにあそこが『有吉反省会』であり『アウトデラックス』なんですよ。つまりスターへの登竜門ね。それを慎太郎さんはわかっているからこそ、井上さんに対して丁重なお礼をLINEでしてきたんですよ。

――うーん。いや、そもそもね、「それにしてもなぜわかったの？」と。慎太郎さんは普段『KAMINOGE』を読んでなさそうだから、どうして自分の写真が載っていることを知ったのかなって。そうしたら「きのう、○○社長から『なんか載ってたよ』と教えていただきました」と（笑）。

坂井　ギクッ！（笑）。

――そこで私は「○○社長？　あっ、マッスル坂井に坂井精機株式会社の代表取締役就任時にお祝いで腕時計をした社長さんか！」ってなったんですけど（笑）。

坂井　まあ、その社長さん自体も、スターへの登竜門だったりしますからね（笑）。じゃあこれ、完全に慎太郎さんは今年下半期にブレイク確定じゃないですか。井上さんの今年下半期はどうなんですか？

――「下半期はどうなんですか？」ってどういう意味？

坂井　えっ、復活を遂げた『しいたけ占い』をまだ見てないの!?

――えっ、そんなに驚かれるようなこと!?（『しいたけ占い』は、ウェブマガジン『VOGUE GIRL』で連載していた大人気コーナー。今年6月にウェブマガジン閉鎖に伴い終了していた）。

坂井　『しいたけ占い』の占い師・しいたけ.さんが自身の公式サイトをオープンして、そこですでに2023年下半期の占いを公開してますよ！　なんで見てないの！

――えっ？　ああ、すみません。

坂井　『しいたけ占い』ってめちゃめちゃやさしいし、読むととても励みになるというのに。

――もともと、そこまでチェックしていたわけじゃないし。私が初めて『しいたけ占い』

の存在を知ったのは、中邑真輔さんに教えてもらったんですよ。

坂井　俺もそのことが載っている『KAMINOGE』で初めて知りましたよ（笑）。中邑さんがレッスルマニアでAJスタイルズとタイトルマッチをやったときの記事でしたよね。

――そうです。中邑さんがそのタイトルマッチ前に『しいたけ占い』を見て、「キーワードとなる色はパープル？　今年のレッスルマニアがあるニューオーリンズのイメージカラーじゃん」と思ったという。

坂井　そう。だから中邑さんはそのときも信じられないくらい綺麗なパープルのセットアップを着ていらっしゃいましたよね。だからやっぱり中邑さんってなんでも早いんですよね。

――『しいたけ占い』は早かったかも。だからアメリカでもいつもチェックしていたってことですよね。「未来は俺がつくる」って言っていたような気もするんだけど（笑）。

坂井　意外とスピリチュアルなものがお好みなんでしょうね。だから竹下幸之介とも気が合うんですよ。中邑さんからしたら、きっと神社の息子である井上さんもその枠なんですよ。

――で、すでに坂井さんは『しいたけ占い』で自分の今年下半期を見たの？

坂井　とっくですよ。とっくに俺は自分の星座である、さそり座の下半期の運勢を読みましたよ。そうしたら、さすが『しいたけ占い』、まさに我が意を得たりの内容だったんですよ。だから井上さんはどうだったのかなあ？って。最近またちょっと悩まれているじゃないですか。

「大事なことはだいたいプロレスが教えてくれる。『しいたけ占い』だって中邑さんが教えてくれたわけだから」

――悩みというか、まあ、そうなんですよ。

坂井　井上さんは何座？　もう俺が代わりにチェックしてあげますよ。

――ああ、すみません。私は水瓶座です。

坂井　えーと、水瓶座ね。あー、はいはいはい。

――えっ、もう『しいたけ占い』にアクセスしてたのか。コインパーキングの「領収書は必要・不要」で「必要」のボタンを押した瞬間に領収書がプリントされて出てくるくらい速かったな、いま。

坂井　ははあ、なるほど。いや、いま知ったんだけど、こういう占いって読んだらたいていの人が「あー、なるほど。思い当たる節があるな」って納得するような内容じゃないですか。だから自分の星座や血液型以外のところを読んでも、だいたいそれなりに共感するんだろうなと思っていたんだけど、いま水瓶座を見ていますけど、内容が頭に入ってこないし、まったく共感できないです。やっぱり俺ってさそり座であって、水瓶座じゃないんですね（笑）。

――読んでいて「さそり座のおまえには関係のない話だが」って言われているような感じ？

坂井　今日はあたかも俺がしいたけ．さんかのように井上さんを導こうと思ったんだけど、ダメだ、全然頭に入ってこない。だから書いてあることをそのまま読みますけど、井上さんは今年の12月は「ごめんなさい作戦も駆使する」だって。

――えっ、どういう意味？　ごめんなさい作戦？

坂井　「やりたいことをやっていく。全部やっちゃいたい！っていう気持ちが強くてすごく燃える時期と同時に、ごめんなさい！と疲れも少し出てしまうときでもある」って。新しい何かの最初から終焉までが同時に重なっているらしいよ。

――えっ、なんだなんだ？　本当にそう書いてある？

坂井　書いてある。それと前後して申し訳ないですけど、10月くらいに「自由への意思。一番大事な何かの決定」がありますから。「これから自分が体験していきたい世界に向けて、自分を軽くしていくタイミング」らしいですよ、10月って。あと11月は「私がテーマパークを作るなら」。

――ごめん、水瓶座の私もまったく頭に入ってこないんだけど（笑）。

坂井　そして12月に「ごめんなさい！」（笑）。

――なに言ってんだよ！（笑）。

坂井　要するに井上さんは10月に何かを決意し、11月に新しいテーマパーク作りを計画して、12月はごめんなさいですよ。

――12月だけ、なんで急に言い方がそうなるんだよ（笑）。

坂井　いやいや、こんなにハッキリと「休みなさい」とか「やめなさい」という指示が出ている『しいたけ占い』を俺はここ数年間で初めて読みましたよ。

――さそり座にはハッキリとした指示なんて、これまで書いていなかった？

坂井　ない、ない、ない！　まったくない！「12月はごめんなさいを駆使する」だなんて言われたことないですよ。いちおう俺の12月を聞いてもらってもいいですか？

――どうぞ、どうぞ。

坂井　「不器用でも、やり切る」だからね。簡単に言うと俺の今年下半期は「60点くらいで無理をせずにこなしていきなさい。全部やり遂げましょう」っていう半年なんですよ。井上さんと俺の下半期は全然違う。

――私の12月はとにかく「ごめんなさい！」ね（笑）。

坂井　そもそも水瓶座の今年下半期が「求ム！　カルチャーショック」ってのも全然ピンとこないな。「異文化の買いつけ人としての水瓶座」とも書いてあって、とにかくなにやら新たなフェーズに入っているんだろうね。「自分が受けたカルチャーショックを皆に向けて伝えていきたい期間」なんだそうですよ。まあ、とにかくね、「正直者であれ」だって。

――なんか切り取り方が雑すぎないか（笑）。

坂井　次、水瓶座の恋愛運。うーん、俺にはさっぱり意味がわからないんですけど、「救済者になるな。開拓者であれ」って書いてあります。ここはね、しいたけ．さんも言ってます。「激しいタイトルでごめんなさい」って。

――「ちょっと驚かせちゃったかしら？」と（笑）。

坂井　「でもね、あなたにとってはこの言葉しかないの」とも。とにかく芸術系の人との縁が強くなっていくんだって。それと理屈とか理由ではなく、先んじて自分の本能に従って殻を破るための何かをやっているような人と濃い人間関係を築いていくって。人を救うんじゃなくて、その人と何をやっていくかみたいな。

――えっ、それが恋愛？

坂井　恋愛のところにそう書いてあるんですよ。タイトルに負けず劣らず、内容も激しいね、これ！

――さそり座が水瓶座に興奮してる（笑）。

坂井　同じような時間を過ごしているようで、やっぱりさそり座と水瓶座とでは生きている世界って違うもんなんだなあ。

――『しいたけ占い』に大事なことをたくさん教えてもらっているな（笑）。

坂井　いや、大事なことはだいたいプロレスが教えてくれるんですよ。だって中邑さんが俺たちに『しいたけ占い』の存在を教えてくれたわけだから。

――大事なことはプロレスをやっている人が教えてくれる（笑）。

坂井　俺、今年の上半期で自分もプロレスをやっている人だってこと、綺麗さっぱり忘れちゃっていますからね。

Nº140 KAMINOGE

次号 KAMINOGE141 は
2023 年 9 月 5 日（火）発売予定!

ついに大井洋一が
新宿・歌舞伎町「ホテルまつき」にまつわる
さまざまな禁断エピソードについての
調査に乗り出した――

2023 年 8 月 10 日
初版第 1 刷発行

発行人
後尾和男

制作
玄文社

編集
有限会社ペールワンズ
（『KAMINOGE』編集部）
〒 154-0011
東京都世田谷区上馬 1-33-3
KAMIUMA PLACE 106

WRITE AND WRITE
井上崇宏
堀江ガンツ

編集協力
佐藤篤
小松伸太郎
村上陽子

デザイン
高梨仁史

表紙デザイン
井口弘史

カメラマン
タイコウクニヨシ

編者
KAMINOGE 編集部

発行所
玄文社
［本社］
〒 107-0052
東京都港区高輪 4-8-11-306
［事業所］
東京都新宿区水道町 2-15
新灯ビル
TEL:03-5206-4010
FAX:03-5206-4011

印刷・製本
新灯印刷株式会社

本文用紙：
OK アドニスラフ　W A/T 46.5kg

©THE PEHLWANS 2023 Printed in Japan
定価は裏表紙に表示してあります。
落丁・乱丁はお取り替えいたします。

9784911055045

1920075013004

ISBN978-4-911055-04-5
C0075 ￥1300E

定価1,430円
（本体価格1,300円+税10%）

Illustration by Tomoo Gokita

TIGER HATTORI